U0928212

汉译世界学术名著丛书

健全的思想

——或和超自然观念对立的自然观念

〔法〕霍尔巴赫 著

王荫庭 译

2017年·北京

本书是据 1956 年俄译本转译的。俄译本所根据的版本是：

Paul Henry Thiry Holbach, bar

LE BON SENS

Ou, Idées Naturelles Opposées Aux Idées Surnaturelles

Londres 1772

霍尔巴赫(1723—1789)是十八世纪法国杰出的战斗唯物主义者和无神论者，法国资产阶级革命的思想先驱之一。本书于1772年匿名在荷兰阿姆斯特丹(假托伦敦)出版。作者在本书中用尖锐、生动、讽刺的笔调，驳斥了教会人士的超自然的迷信，打击了宗教，也对利用宗教以统治人民的封建制度进行了无情的批判。在作者的无神论著作中，本书占据特别重要的地位。

汉译世界学术名著丛书
（120年纪念版·珍藏本）
出 版 说 明

2017年2月11日，商务印书馆迎来120岁的生日。120年前，商务印书馆前贤怀揣文化救国的理想，抱持“昌明教育，开启民智”的使命，立足本土，放眼寰宇，以出版为津梁，沟通中西，为中国、为世界提供最富智慧的思想文化成果。无论世事白云苍狗，潮流左右激荡，甚至战火硝烟弥漫，始终践行学术报国之志，无改初心。

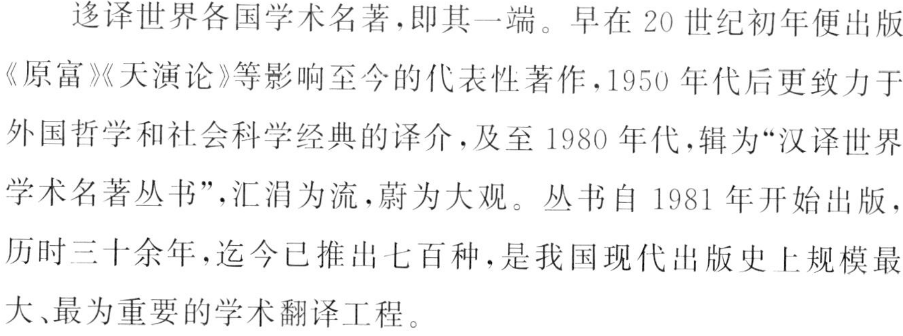

迻译世界各国学术名著，即其一端。早在20世纪初年便出版《原富》《天演论》等影响至今的代表性著作，1950年代后更致力于外国哲学和社会科学经典的译介，及至1980年代，辑为“汉译世界学术名著丛书”，汇涓为流，蔚为大观。丛书自1981年开始出版，历时三十余年，迄今已推出七百种，是我国现代出版史上规模最大、最为重要的学术翻译工程。

丛书所选之书，立场观点不囿于一派，学科领域不限于一门，皆为文明开启以来，各时代、各国家、各民族的思想与文化精粹，代表着人类已经到达过的精神境界。丛书系统译介世界学术经典，引领时代思想，为本土原创学术的发展提供丰富的文化滋养，为推动中国现代学术和现代化进程做出了突出的贡献。

为纪念商务印书馆成立120周年，我们整体推出“汉译世界学术名著丛书”120年纪念版的珍藏本，寄望既利于文化积累，又便于研读查考，同时向长期支持丛书出版的译者、编者和读者致以敬意。

两甲子后的今天，商务印书馆又站在了一个新的历史时间节点上。我们不仅要铭记先辈的身影和足迹，更须让我们的步伐充满新的时代精神。这是商务人代代相传的事业，更是与国家和民族的命运始终紧密相连的事业。我们责无旁贷，必须做好我们这代人的传承与创造，让我们的努力和成果不仅凝聚成民族文化的记忆，还能成为后来人可以接续的事业。唯此，才能不负前贤，无愧来者。

商务印书馆编辑部

2017年10月

霍尔巴赫和他的无神论名著《健全的思想》

——《健全的思想》中译本再版序言

王　荫　庭

人类历史上往往有这样的现象:在特定国家,有时某一领域群星灿烂,有时却人才寥落。譬如我国战国时期有互相争鸣的诸子百家,意大利文艺复兴时代出现了拉斐尔、达·芬奇、米开朗基罗等许多著名的艺术家,18 世纪法国大革命及拿破仑时代则诞生了一群能征善战的元帅和将军。这种杰出人物成群结队一窝蜂似地突然涌现、实在值得历史学家和对历史感兴趣的读者认真关注和深入研究的有趣现象,当然不是偶然的、凭空产生的任意结果,而是存在着为发展特定才能所必须具备的强大社会需要和各种特定条件的必然产物。同样,就在这场法国资产阶级大革命前夕,也有为这一革命作了充分理论准备的一大批彪炳史册的《百科全书》分子和启蒙派思想家应运而生。他们中间既有被誉为《百科全书》派灵魂和精神领袖的狄德罗,也有本文准备介绍的、也是其核心人物和无神论名著《健全的思想》作者的霍尔巴赫。

*　　*　　*　　*

霍尔巴赫,1723 年 12 月 8 日出生于德国普法尔茨地区埃德森姆城一个信仰天主教的富裕的小商人家庭。父亲约翰·狄特里希给他取名保尔·亨利希·狄特里希。他七岁丧母。1735年同意由舅父弗朗西斯库·亚当·德·霍尔巴赫照管而移居巴黎。这位舅父17世纪末参加法国军队。1723年因军功封为男爵，并获得大量财富。我们未来的哲学家随后的少年时代便在巴黎的文化环境中接受教育。他勤奋好学，很快掌握了法语和英语，学会了希腊文和拉丁文，后来还通晓意大利语。他酷爱希腊罗马古典著作，熟知伊壁鸠鲁·卢克莱修等人的思想。1744年根据舅父建议来到荷兰这个当时欧洲大陆唯一保障公民拥有一定民主权利的、发达的资产阶级共和国，入读享誉全欧的一所高等学府——莱顿大学。

和严密控制人们思想意识的反动教会干预下禁止对自然现象进行研究的其他欧洲高等院校不同，莱顿大学十分重视自然科学的教学。早在18世纪初，她就是欧洲传播先进科学思想的中心。这时欧洲许多世界知名学者，如法国科学家、昆虫学家和冶炼工艺家列奥米尔(1683—1757)，发明莱顿瓶电池的荷兰数学家和物理学家穆申布鲁克(1692—1761)，瑞士生理学家、一流生物学家和实验生理学之父哈勒(1708—1777)等都在莱大任教。在那里，霍尔巴赫仔细深入地学习了化学、物理学、地质学、矿物学等自然科学课程。与此同时，他并没有放弃自己对哲学的浓厚兴趣，继续从原文阅读古希腊罗马著作家的作品，研究十七八世纪英国唯物主义者培根·霍布士和托兰德，以及牛顿、笛卡尔等人的著作，还读过刚刚在荷兰出版的拉美特利成名之作《灵魂的自然史》(1745，海牙)和《人是机器》(1747)。在奥地利王位继承战争(1740—1748)

造成巨大破坏和震动以及具有先进自由思想的英国同学影响下，他开始关心现实的道德和社会政治问题。所有这些都为霍尔巴赫后来形成进步的唯物主义和无神论世界观奠定了坚实的基础。

四年大学毕业后，霍尔巴赫回到巴黎。在这里，除了偶尔出去旅游外；他一直平静安稳地度过了自己往后长达四十年的光辉人生。

1748 年霍尔巴赫与大表妹热纳维埃芙·苏珊·戴纳成婚。1749 年取得法国国籍，姓名按法语拼写为保尔·昂利·梯也利。1753 年舅父过世后继承了他的大量财产和男爵封号，称保尔·昂利·德·霍尔巴赫男爵。1754 年妻子去世。1756 年与娇小美丽的小姨子、三表妹夏洛特·苏珊·戴纳结婚。不久又从岳父御林军旗帜及服装总监马里尤斯·戴纳那里接受了一笔相当可观的遗产。于是他成了当时法国最富有的贵族之一。这为霍尔巴赫及其同道们开展轰轰烈烈反封建反教会的启蒙运动提供了极为有利的物质条件。

回到巴黎后一年左右，在巴黎歌剧院一次演出会上霍尔巴赫与比他年长十岁、已有闻名、各方面都更加成熟，而且正在筹划编辑出版《百科全书》的狄德罗相识。从此两人结下终生不渝的战斗友谊。有材料表明，正是在狄德罗的帮助下，霍尔巴赫很快从一个自然神论者变成坚定的无神论者。为了使自己的唯物主义学说不局限于批判宗教信仰，他们把这种批判扩大到他们所遇到的一切科学领域和政治设施。为此他们着手把这一学说应用于所有知识对象。这样，编纂一部《百科全书》就成了实现目的的最便捷的手段。霍尔巴赫不仅物质上积极支持这一划时代的伟大事业，而且亲自总共为它撰写了 438 个条目，内容涉及各门自然科学（理论的和实用的)、哲学、社会、政治、宗教、道德等诸多领域，成为这部多达35卷的《百科全书》的主要作者之一。

霍尔巴赫是从把西欧先进的自然科学著作翻译成法文开始其著述生涯的。在1752到1766年的14年间共翻译出版了矿物学、冶金学、化学、物理学、自然史及工艺学方面的专著不下九种，加上《百科全书》上发表的大量关于化学、矿物学、冶金学、自然史等内容新颖的条目，从而引起各国科学界人士的高度重视，相继被聘为柏林科学院会员、巴黎学士院和俄国科学院成员。

大约到1760年，霍尔巴赫便停止了外国自然科学名著的翻译，转而全力从事反专制反宗教的无神论宣传。此后的12年，他一方面在《百科全书》上刊载不少从唯物主义立场揭露宗教之荒谬与反动的条目，翻译或编辑整理并随即出版古代和近代的唯物主义和无神论著作，如卢克莱修的《物性论》(1768)、托兰德的《致赛烈娜的信》(1768)、弗莱纳的《特拉西勃勒给留基伯的信》(1765)、梅叶的《遗书》(1772)等等。另一方面，他把主要精力用于写作抨击基督教的无神论小册子，先后出版了21种之多。其中主要的有:《揭穿了的基督教》(1761)、《神圣的传染》(1768)、《致欧仁妮的信》(1768)、《袖珍神学》(1768，该书由霍尔巴赫及其秘书奈戎和其他几个人合作编纂而成)、《健全的思想》(1772)等。这些小册子许多都多次遭到当局和教会的查禁和焚毁，甚至连购买它的青年也因此被投进监狱。为了躲避残酷迫害，所有这些小册子，和霍尔巴赫的其他哲学社会学论著一样，都是以伪托的作者(或匿名)、虚假的年份在国外(荷兰或英国)出版，然后运回国内秘密发行的。比方《自然的体系》就假托已于1760年过世的前法国科学院常务秘

书米拉波于1769年在伦敦（实际在阿姆斯特丹）出版的，而《健全的思想》则题以“《自然的体系》的作者所作”。

这一本本的小册子，像一排排重磅炸弹，倾泻在神的殿堂。其火力之猛烈，摧毁力之强大，在无神论思想史上是前所未有的。就在18世纪法国启蒙运动中，这也是十分突出的，甚至是独一无二的现象。难怪人们称霍尔巴赫为“上帝的私仇”。

1770年，被誉为“唯物主义的圣经”的《自然的体系》出版。它全面系统深刻地总结了18世纪自然科学、哲学以及社会科学所取得的成就。书中以严谨完整确凿可信的哲学体系的形式汇集了当时唯物主义所获致的全部原理、论据和结论。它的问世标志着霍尔巴赫及其集团达到了崭新的理论高度，奠定了霍尔巴赫在人类思想史上的卓越地位。

此后霍尔巴赫还发表了几部著作：《健全的思想》、《自然的政治》（1773）、《社会的体系》（1773）、《道德政治》（1776）、《普遍道德学》（1776）和作于1765年、死后第二年才刊行的遗著《普遍道德原理》。尽管这些著作在宗教、政治、社会、道德领域各自其重要意义，但从《自然的体系》一书角度看，不过是书中所陈述的各种原则的引申和发挥，思想高度上并无新的突破。

对于霍尔巴赫本人及其集团的思想发展说来，他家的沙龙（Salon，客厅）具有不可小视的作用。封建专制时代，由于缺乏自由的报刊和论坛，沙龙就成了把资产阶级社会先进知识分子团结起来，联络沟通、协商提高的十分有效的工具。与17世纪不同，那时参加沙龙聚会的贵族沉迷于世俗娱乐和无聊空谈，而18世纪巴黎的哲学沙龙，特别是霍尔巴赫沙龙（因为无论按参加成员、急进主义和历史意义都是无与伦比的)，其次是爱尔维修沙龙，在许多场合都是交流信息、切磋学术、检验和完善思想的场所。可以毫不犹豫地把霍尔巴赫沙龙称为启蒙派的特种思想实验室。

在霍尔巴赫男爵好客的家中，经常可以遇到“文坛共和国”几乎所有著名代表——哲学家狄德罗、爱尔维修、孔狄亚克、奈戎，社会学家卢梭、孟德斯鸠，经济学家杜尔阁、莫勒莱，社会学兼历史学家赖纳尔，数学家达朗贝尔、拉格朗日，自然研究家鲁、布丰、茹艾尔及其弟子卢克斯和达尔赛，工程师布朗热，评论家格里姆，文学家马蒙泰尔等等。来到巴黎的各国进步的文化名人和外交使节，大都把霍尔巴赫沙龙看作巴黎的文化中心，认为拜访它是自己的义务和光荣。他们中间有：英国哲学家休谟、普利斯特莱，经济学家亚当·斯密，作家洛伦斯·斯特恩，莎士比亚剧本名演员大卫·加里克，美国启蒙思想家、科学家、国务活动家、驻法大使本杰明·富兰克林，意大利法学兼政论家切·贝卡里亚，拿波里大使加里亚尼等。

男爵每周星期日、星期四两天邀请朋友们来家作客，并举行晚宴，冬季在巴黎市区罗雅尔·圣罗什街25号家中，夏天和深秋以前则在郊区别墅格朗瓦尔城堡家中。下午两点，沙龙就开始热闹起来。一直到晚上七八点客人才逐渐散去。在这里，人们可以听到关于各种问题的最生动最有教益的谈话。比如卢克斯和达尔赛叙述自己的地球学说，或者马蒙泰尔讲解其文学原理；又如赖纳尔说明西班牙人如何在菲律宾以及英国人如何在印度进行殖民和贸易活动，或狄德罗谈论关于哲学或文艺问题的见解。往往是一个人单独作长篇发言，其他人静心谛听。有时参加聚会的精英们会就哲学宗教、社会政治、文艺道德、自然科学或风俗时尚各方面问题无拘无束地进行讨论和争辩。在一些迫切的现实问题如宗教问题上，争论尤其激烈。客人中既有坚定的无神论者，也有教会人士、自然神论和不可知论者。沙龙主人始终对宗教问题保持着十分浓厚的兴趣。他仔细倾听各方的发言，自己不时也谈些看法，或者友善地巧妙地引导谈话。也许男爵正是要通过争论来全面充分地检验自己批判宗教的理论和证据是否确凿无疑。后来霍尔巴赫们就把讨论取得的成果写进自己的著作，传播四方。在某种意义上可以说，百科全书派，首先是霍尔巴赫及其最亲近的朋友们，所经营的"冲击天国"总司令部就设在圣罗什街和格朗瓦尔城堡。

霍尔巴赫有一家庭图书馆，面积十分宽大，藏书极为丰富，还有专门收藏从世界各个角落集来的合法和非法的反宗教书刊的书库。男爵及其战友们不知疲倦地写作、翻译、编辑和出版他们的著作时可以随时方便地查阅所需的资料。

每当霍尔巴赫谈到宗教，正如谈到专制制度一样便激动不已，胸中充满刻骨铭心的厌恶和仇恨。对于天国的事情，他是铁杆激进共和派，早在大革命时期法王路易十六被处死之前就把上帝送上了断头台。然而在地上，即对于现实的政治问题，这位谨小慎微的贵族同共和主义是格格不入的。他一心企望的是"在王位的圣贤"。正是这种温和的政治立场，加上贵族的身份，托名或匿名出版大量反专制反宗教著作后严格有效的保密措施，以及天性善良、待人谦和、淡泊名利、疏财仗义的性格形成的良好人际关系，使他得以始终风平浪静地过着舒适的自由生活，而不必像狄德罗那样因触怒封建当局和基督教会的言论而锒铛入狱，或者像伏尔泰卢梭那样为同样言论而亡命天涯。

霍尔巴赫博洽多闻，著作等身。朋友们和同时代人，如狄德罗、卢梭、达朗贝尔、格里姆、拉格朗日、奈戎、马蒙泰尔、休谟、普利斯特莱等等在回忆录或文章中无一例外地全都称赞他有百科全书式的学识、惊人的记忆、罕见的热爱劳动的精神、独立判断的习惯和异常诚实的作风。狄德罗戏谑地写道："无论我的想象虚构怎样一种体系，我相信我的朋友霍尔巴赫都会找出种种事实和权威意见来论证它"。

1789 年 1 月 21 日，霍尔巴赫与世长辞，埋葬在狄德罗墓旁。几个月后，法兰西全境就刮起了波澜壮阔的大革命风暴。

* * * *

刚才说过，霍尔巴赫 60 年代出版的所有无神论小册子理论上都没有达到《自然的体系》的思想高度。即是说，和《健全的思想》相比，它们在理论上还不够成熟。就书中讨论的对象而言，它们或者着重从政治经济角度揭示宗教的罪恶和危害，或者集中批判圣徒们的谬论和恶行，或者专门分析宗教教义、偏见和神迹的荒诞可恨等等。总之，它们考察的大都只是宗教的某些问题或个别方面。不然就采取嬉笑怒骂、冷嘲热讽、正话反说，反话正说的办法，用轻松的笔调通过刻画大大小小有关甚至本来无关宗教的事物和现象狠狠地鞭挞教会和僧侣。而《健全的思想》则是从总体上对基督教的理论基础和反动作用进行严谨的批判和理性的揭露。无疑，《自然的体系》是 18 世纪法国唯物主义哲学集大成之作。但有一点人们往往未予强调：这部巨著的大部分篇幅都用来分析宗教问题。作者正是在充分阐述自己的唯物主义自然观和认识论之后，进而详细考察宗教基本问题的各个方面并得出一系列相应的新结论的。完全有理由把它同时看成卓越的无神论理论巨著。如果说《自然的体系》以受过良好教育的人士为主要阅读对象,它的特点是分析深入,论证详密,频频涉及历史上和当代学界和文坛众多人物及其著作和思想;那么《健全的思想》则面向广大下层人民,主要是信教群众,其特点是简明扼要,通俗易懂。尽管在考察的问题范围和理论深度上,《健全的思想》不及《自然的体系》广泛深入,它们的研究对象却是相同的:这就是神学的基本问题和宗教的社会作用。

《健全的思想》按其内容大致可分为两部分。第 1 节到 138 节是第一部分,139 节以后为第二部分。前一部分考察神学基本问题即上帝的存在和属性、灵魂不死和来世说、人的自由意志,以及天意、神迹、启示、信仰等。后一部分则探讨宗教的社会作用,包括宗教与道德、政治和政府的关系,教会和僧侣言行的后果等。

在《健全的思想》的开头,作者指出,神学是一门“只研究人的感官不可知觉的事物”、“其对象无法理解”且“不断蹂躏着人类的理性”和健全的思想的“学问”(本书第 2 节,以下引证只注明节数)。它“是由于堆积了无限个如果、但是、据说和也许才逐渐建立起来的”、“支离破碎、没有确定形式”的、“成系统的胡说八道”(第 3 节),它“只是一连串明显的矛盾”(第 67 节)。总之,“可以有充分的权利称神学为矛盾的科学。任何宗教都是为了调和最不可调和的矛盾而虚构出来的一种体系”(第 110 节)。霍尔巴赫写道:“任何宗教都建立在上帝的观念上”(第 4 节)“上帝的存在是一切宗教的基础”(第 16 节),“任何宗教体系都只能建立在上帝和人的本性以及存在于他们之间的相互关系的基础上”(第5节)。于是《健全的思想》就着手批判神学关于上帝的种种观念。不过这一次作者没有像《自然的体系》中那样继续阐述其唯物主义哲学原理进而作出分析批判,而几乎全部是从这些原理出发,以事实为依据,通过无可辩驳的“健全思想的逻辑”(第54节)推理,对宗教和神学关于上帝的存在和属性或本性(如上帝的全善、万能、无限仁慈公正智慧强大……)等等一百几十个基本观点、重要论据,乃至次要的说法逐一揭露其“步步自相矛盾”(第77节)。霍尔巴赫之所以这样做,因为在他看来,“神学家们妄加在上帝身上的一切属性处处都是互相排斥的;一种属性的任何表现必然要否定另一种属性”(第90节),“既然任何关于上帝的思想都是一团极不相容的矛盾,最后”人们“怎么不会把这些思想加以抛弃呢”(第185节)?因此,用清楚明白通俗易懂的语言把这些矛盾显示出来乃是最易于为广大信众接受从而破除其宗教迷梦的便捷途径。像这样洋洋洒洒、充满激情、一幕接一幕连台出演似的揭露宗教和神学矛盾的著作,在无神论思想史上至少是十分罕见的。这也是本书最显著的一个特点和优点。今天的中文读者想要在最短时间集中了解宗教和神学如何“处处”“步步”自相矛盾,《健全的思想》恐怕是唯一的读物了。这部分内容乃是本书最为闪光的亮点,迄今仍然具有其理论实践价值,并没有随时光流逝和环境改变而失去意义。当然,在这方面霍尔巴赫也有其先驱。突出的例子便是他曾经参与整理出版且深受其影响的让·梅叶的《遗书》。然而《遗书》不仅文字“过于冗长,过于枯燥”(伏尔泰语),从思想的深刻、问题的广泛和集中看,也是无法同《健全的思想》相提并论的。

第二部分内容基本上重述了作者以往反复说过的话:任何宗教都产生于对自然力量的无知,产生于对未知的、不可捉摸的强大势力的恐惧;人类之陷于不幸只是错误和偏见造成的,而一切偏见和错误中最根深蒂固最为不祥的就是宗教和神学;它们是人类社会无穷灾难的根源;宗教玷辱道德,一切真正的道德与宗教原则是势不两立的;要想在地上建立天国,首先必须把道德从宗教的羁绊下解放出来,恢复肉体和情欲的地位,让社会对其成员的幸福和不幸负责;宗教对政治也是非常有害的,它培养暴君和顺民;宗教是专制制度可靠的保卫者;宗教与暴政的联盟是造成一切苦难的根本原因,是残害人类的刽子手,必须予以消灭;主张无神论的君主远胜过虔信而残酷的国王;信教的圣徒无益于社会,而崇尚哲学和理性的无神论者则造福于人类,等等。

17 世纪法国天主教大主教、路易十四的顾问波舒哀(1627—1704)深信宗教是和谐幸福社会的基础,上帝把一切安排得尽善尽美。霍尔巴赫等人则用遍辞典中所有令人愤恨甚至恶毒的字眼鞭笞上帝和教会,竭尽嘲笑讽刺之能事。这是颠覆性的转变,标志着一个世纪中历史观取得了重大的进步。它在现实政治中产生的实际后果和对社会思想的往后发展,作用都是难以估量的。

霍尔巴赫和他同时代邻国进步的启蒙思想家是以迥然不同的态度对待宗教和上帝的。以霍尔巴赫为代表的一部分法国启蒙派简单地无情地嘲笑一切圣经故事,认为宗教是愚昧和欺骗的产物。德国的启蒙运动者,甚至他们中间最先进的思想家如莱辛则把宗教看成是“对人类的教育”。而同期英国思想家对待宗教却是冷淡怀疑(如休谟)或者虔诚恭谨(如霍尔巴赫的好友、上引的唯物主义哲学家、教士普利斯特莱)。从洛克的感觉主义这一共同基础中引导出法国唯物主义者战斗的无神论、休谟的宗教冷漠态度和康德的“实践的”宗教。这种情况之所以发生,是由于各国不同的历史条件、社会背景和文化传统,由于每个国家都具有自己独特的“智慧和道德风习的状态”。因为现实生活中,上帝在英国是立宪君主,它统而不治;在法国它不仅治理,并且是暴君;而德国人的上帝却是善良的父亲,它尽力给自己的孩子们以适应社会生活的良好教育。

霍尔巴赫及其亲密战友狄德罗、爱尔维修等人的无神论的特点是:它无须泛神论的外壳(如斯宾诺莎)、不戴自然神论的面具(如孔狄亚克),不以怀疑论为掩饰(如培尔),也不采取任何含糊不清的形式,它第一次以彻底、公开、毫不妥协、真正战斗的唯物主义者姿态出现在世人面前。

从以上概述的第二部分内容中,不难看出霍尔巴赫是露骨的唯心史观拥护者。在他看来,宗教、神学,也就是说,教会和僧侣们的信仰、思想、意见决定着社会生活艰难恐怖的面貌,一旦出现睿智的不信上帝的君主,这一面貌即为之改观。霍尔巴赫把自然观认识论上是唯物主义,历史观上是唯心主义集于一身,这种情况,作为形而上学唯物主义学说的必然结果,在启蒙派哲学家中虽远非孤立现象,毕竟是他们理论上一大根本性的缺点。

霍尔巴赫另一大缺点和局限性是:无论他如何竭力地揭发宗教和神学的内在矛盾,认为是符合健全思想的科学的思想体系不当有的,他自己的历史观就始终摆脱不了恼人的矛盾即著名的“二律背反”:环境决定意见;意见决定环境。

和爱尔维修一样，霍尔巴赫一方面把人的全部心理看作感觉的变形，看成周围环境对人作用的结果，说人完全依赖于教育，而教育则是社会影响的总和；另一方面又断言，世界（即人们的社会关系）为意见所支配。从这个基本矛盾中派生的一系列矛盾，不可避免地也出现在《健全的思想》中。他写道：人"所获得的（正确的或错误的）信念、表象和意见只是他所受教育的必然结果，而受何种教育则不由他选择；他的情欲和欲望是他的性格的必然结果，而人的性格则是由人的本性和他所接受的信念决定的；人一生的欲望和行为都是由人不能自由选择的那些交往、习惯、娱乐、言谈、思想所预先决定的"（第 80 节）。这就是说，一方面，一个人的信念、意见由教育（＝环境）决定，而另一方面，教育至少部分地由与自己交往的别人的言谈、思想所决定。况且，既然如此，既然"无神论"这一"需要思考"、"合乎理性的哲学体系不是为群氓（按：即普通人）创造的"，群氓"从来不进行思考"，"为什么"还要不厌其烦地"宣传无神论"呢？霍尔巴赫回答说，社会上总还是有些"思想健全和老成持重的人"，他们"力求深造"，于是"知识逐渐在推广，最后终于要传到普通人身上去"。（第 195 节）如果由于无神论者的宣传，"开明君主"、"开明政府"也掌握了这一与宗教对立的哲学，"如果哲学代替了宗教，世界上该会发生何等有益何等伟大的革命啊！"（第 191 节）现在，"世界"（即环境）又由意见（"无神论"、"哲学"）决定了！

霍尔巴赫第三大缺点和局限性是他的形而上学思想方式。这也表现在《健全的思想》中。最突出的例子是他把偶然等同于无原因或尚不知其原因，把必然等同于因果关系。说一切现象都是必然的，等于说都是有原因才发生的，都不是无缘无故的。为了彻底坚持这一心爱的观点，他在驳斥宗教关于人的自由意志学说时竟然越过真理的边界，强词夺理，不顾事实，硬说“人从生到死，没有哪一瞬间是自由的”（第 80 节）。在他看来，人任何时候都不能自由地思考或不思考，自由地选择或不选择等等。他说：“人自己作选择时同样也是不自由的；他之选择他认为对自己有利或使自己愉快的东西是理所当然的。当他不作选择时，他还是不自由的；在人不认识或者以为自己不认识供他选择的某个对象的属性以前，或者在人没有斟酌自己行为的结果以前，他就不得不放弃选择。”（第 80 节）当人并不清楚某事或某物对自己是否有利或是否会产生快感同时又必须选择或者允许选择时，人们常常也会作出某种选择；试问这种选择难道一定不是自由的吗？人们虽然还不认识某对象的属性，或者还没有斟酌好选择的后果，但他完全可以肯定选择无害，这时，难道他一定是放弃选择么？难道他选择某对象不是自由的么？显然霍尔巴赫的推论至少犯了以偏概全的逻辑错误。

霍尔巴赫还有一个缺点。他只是单纯地谴责宗教，说它是无知和欺骗的荒诞堆积，从来没有把它当作科学研究的对象，当作人类精神发展的必然辩证过程，没有提出过宗教借以表象真理的那些稀奇古怪的圣经故事和寓言神话究竟是如何产生的问题，也没有探讨过宗教在人类文化发展上曾经起过什么作用，坏的作用和好的作用，等等。

霍尔巴赫的缺点和局限性也许不止这些，但无论它们有多少，性质有多么严重，他写的那些批判宗教的小册子已经永远进入了人类先进思想的光辉典册，一直继续启迪着探求真理的后人。

*　*　*　*

在无神论宣传的事业上，恩格斯和列宁始终把霍尔巴赫看作自己强有力的同盟军。早在19世纪70年代，恩格斯就要求在工人中广泛传播18世纪卓越的宣传无神论的法国唯物主义文献，认为“这些文献迄今为止不仅按形式，而且按内容来说都是法兰西精神的最高成就；如果考虑到当时的科学水平，那么就是在今天看来它们的内容仍有极高的价值，它们的形式仍然是不可企及的典范”。[①] 普列汉诺夫的“劳动解放社”曾计划与列宁合作，按照恩格斯的指示，翻译出版发行一批霍尔巴赫等人的无神论小册子。十月革命后，列宁在《论战斗唯物主义的意义》一文中再次重申恩格斯的要求后写道：“18世纪老无神论者所写的那些锋利的、生动的、有才华的政论，机智地公开地打击了当时盛行的僧侣主义。”[②] 许多学者引证列宁这句千古名言时一致认为，这里指的首先是霍尔巴赫的《健全的思想》。良有以也。

① 《马克思恩格斯全集》中文第1版，第18卷第583—584页。

② 《列宁全集》中文第1版，第33卷第201页。

“……他揭穿，祭司们用多么疯狂的阴险手段大胆地泄露他们自己所不理解的秘密。”

彼特罗尼讽刺小说《萨蒂里孔》

目　　录

序……………………………………………………………………… 1

1　寓言故事 ……………………………………………………………… 9
2　什么是神学？ ………………………………………………………… 10
3　续…………………………………………………………………… 11
4　人非生而信仰宗教，也不是天生的自然神论者 ………………… 11
5　没有任何必要信仰上帝，而最合理的就是根本不去想它 … 12
6　一切宗教都以轻信为基础…………………………………………… 13
7　一切宗教都是无稽之谈……………………………………………… 13
8　认识上帝是不可能的………………………………………………… 13
9　偏见的起源…………………………………………………………… 14
10　一切宗教的起源 …………………………………………………… 14
11　骗子手借助宗教以利用人的愚痴 ………………………………… 15
12　宗教用奇迹和圣礼引诱无知者 …………………………………… 15
13　续 …………………………………………………………………… 15
14　宗教的产生应该归功于世世代代的无知和野蛮 ………………… 16
15　一切宗教都是由于渴求统治地位而产生的 ……………………… 16
16　一切宗教中最不足信的东西就是宗教的基础 …………………… 16
17　要相信上帝的存在是不可能的 …………………………………… 17

18 续 …………………………………………………………… 17
19 上帝的存在是未经证明的 ………………………………… 18
20 上帝是精神的论断没有任何实在意义 ……………………… 18
21 无形体性是一种幻象 ………………………………………… 19
22 一切存在着的东西都是从物质内部产生的 ………………… 19
23 什么是现代神学的形而上学的上帝? ……………………… 20
24 崇拜太阳不会比崇拜精神上帝(бог-дух)更不合理 ……… 20
25 精神上帝没有欲望和活动的能力 …………………………… 20
26 什么是上帝? ………………………………………………… 21
27 完全不能容许的神学矛盾 …………………………………… 22
28 崇拜上帝意味着崇拜虚构的东西 …………………………… 22
29 上帝的无限性和理解上帝本质的不可能性会导致无神论 …………………………………………………………………… 22
30 不信上帝并不比信上帝更危险或更有罪 …………………… 23
31 上帝信仰无非是童年以来一种根深蒂固的习惯 …………… 24
32 宗教是一种根据父子相承的传统遗留下来的偏见 ………… 25
33 偏见的起源 …………………………………………………… 25
34 偏见是怎样传播和深入人心的 ……………………………… 25
35 如果人们在人没有思考能力的那个年龄不曾承认现代神学的教条,他们就绝对不会相信这些教条 …………………… 26
36 自然界的奇迹绝对不能成为上帝存在的证明 ……………… 26
37 自然界的奇迹可以用自然的原因来说明 …………………… 27
38 续 …………………………………………………………… 27
39 世界不是创造的,而物质是自己运动的 …………………… 28

40 续 …… 28

41 还有一些证据说明:运动是物质本身固有的,以及因此,没有任何必要去假定精神推动者的存在 …… 29

42 人的存在绝对证明不了上帝的存在 …… 31

43 不论是人或者是宇宙,毕竟不可能是偶然性的结果 …… 32

44 宇宙的规律也不会证明上帝的存在 …… 33

45 续 …… 35

46 无形体的精神不可能具有理性,崇拜神灵的理性乃是最纯粹的无稽之谈 …… 36

47 神学家们赋予上帝的各种属性,是跟他们所规定的神灵的本质矛盾的 …… 36

48 续 …… 37

49 硬说人类是创造活动的目的和荣誉,是极其荒谬的 …… 38

50 上帝既不是为人创造的,人也不是为上帝创造的 …… 38

51 说宇宙的目的在于人的幸福,是不正确的 …… 39

52 所谓天意乃是一个毫无意义的名词 …… 39

53 所谓天意竭力破坏,而不是支持现存的世界秩序;它非常仇视人,而不是同人友好 …… 41

54 不,世界不是由有理性的存在物治理的! …… 42

55 不能承认上帝是不变的 …… 43

56 善和恶是各种自然原因的必然结果。不能在因果性规律中改变任何东西的上帝就不是上帝 …… 44

57 宗教答应在别的世界上给人的尘世灾难以补偿的诺言是骗人的。天堂和来世生活都是幻想 …… 44

58 还有一个同样妄诞的虚构 …… 46
59 神学徒然企图使上帝不具有人的各种缺点,而上帝之为不自由的存在物或凶恶的存在物则是必然的 …… 47
60 要相信神灵的天意,要相信无限善良和力量无穷的上帝是不可能的 …… 48
61 续 …… 50
62 神学使上帝成为骇人听闻的狂妄、不义、阴险和残酷的化身,成为一种引起极大仇恨的存在物 …… 51
63 一切宗教都力图激起对神灵的畏缩和恐惧心理 …… 52
64 在宗教和最盲目最无知的偏见之间没有任何实在的区别 …… 52
65 如果相信神学的上帝观念,就不可能爱上帝 …… 53
66 神学家虚构了一种永世的地狱苦难的教条,从而把上帝变成了令人痛恨的存在物,这种存在物的残酷性超过任何人,甚至最凶恶的人也无法和它相比;他们创造了一个乖戾的、以残酷为乐事的暴君 …… 53
67 神学只是一连串明显的矛盾 …… 55
68 所谓神灵的创造物一点也不能说明所谓神灵的完善性 …… 56
69 神灵的完善性也不能从像天使和无形体的精灵那样一些虚构的神灵创造物中明显地看出来 …… 56
70 宣传上帝万能的神学的唯一作用就在于暴露上帝的无能 …… 57
71 所有的宗教体系都把上帝描绘成一切存在物中最任性最狂妄的存在物 …… 57

72 硬说恶的根源不在上帝是极端荒谬的 …………………… 58
73 妄加在上帝身上的预见，使得受到上帝惩罚的罪人有权责备上帝秉性残酷 ………………………………………… 59
74 神学关于原罪和撒旦的胡诌是毫无根据的 ……………… 59
75 无论撒旦或宗教都是为了僧侣阶级发财致富而虚构出来的 ………………………………………………………… 60
76 如果上帝不能使人的本性变成无罪的，它就没有权利因为人们的罪孽而惩罚他们 ………………………………… 61
77 所谓上帝的行为对人说来始终应当是秘密，而且人没有权利批评和判断上帝，——这种论断是极其荒谬的………… 62
78 把上帝称做正义的和仁慈的存在物是极其荒谬的，因为它不加区别地注定使好人和恶人、有罪者和无罪者都遭受痛苦；要求不幸的人从自己痛苦的造因者那里去寻找安慰，是绝顶荒谬的 ……………………………………………… 64
79 对自己本来能够预防的罪孽进行惩罚的上帝，是既失掉理智也失掉正义感的狂人 ………………………………… 66
80 自由意志是一种不现实的幻想 ………………………… 67
81 从说过的话中不应当得出社会无权惩罚坏人的结论 …… 70
82 对主张意志自由的各种论据的反驳 …………………… 70
83 续 ……………………………………………………… 71
84 如果上帝曾经存在的话，甚至上帝本身也不是自由的；由此可见，不需要任何宗教……………………………… 72
85 神学本身就证实，无论哪一个瞬刻人都不可能是自由的 ………………………………………………………… 72

86 只能把一切恶、一切混乱、一切罪孽都归咎于上帝，因此，上帝既无权惩罚，也无权赦免 …… 73
87 人们赞扬上帝的祈祷词，证明他们不满意神灵的世界秩序 …… 74
88 在来世报答尘世的不公正待遇和痛苦是一种毫无根据的和荒谬的虚构 …… 75
89 神学替上帝所容许的恶和不公正现象作辩护的时候，只是承认强者的权利，这就是说，神学允许上帝蹂躏一切权利，或者叫人盲目服从 …… 76
90 圣经妄加给耶和华的赎罪的祭品和不断的流血事件是同样荒谬可笑的虚构，因为这些虚构必然以不公正的和残酷的上帝存在为前提 …… 78
91 如果一种存在物把儿子生到世上来，只是为了使他们成为不幸的，是否可以把这种存在物推崇为体贴入微的、宽宏大量的和持事公正的父亲呢？ …… 79
92 凡人的全部生活，地上发生的一切事情，都否定人的自由以及所谓上帝的公正和仁慈 …… 79
93 我们对所谓天意表示任何一点感激心情都是没有道理的 …… 81
94 所谓人是上帝最疼爱的儿女，是神灵的特选者，是创造活动的唯一目的，是自然界的主宰，这种说法是荒谬的 …… 82
95 人和动物的对比 …… 84
96 地球上没有一个坏蛋比暴君更加可恨 …… 84
97 驳人类的优越性 …… 86

98 东方的神话故事 …………………………………………… 87
99 认为世界上只有上天的恩惠和相信宇宙是为人而创造的，这是荒谬的想法 …………………………………………… 88
100 什么是灵魂？谁也不知道这个问题。如果这个虚构的灵魂是某种异于身体的自然物，则灵魂和身体就不可能结合…………………………………………… 90
101 假定灵魂存在是荒谬的。假定存在着不死的灵魂则更加荒谬…………………………………………… 91
102 人都要死，这是十分明显的 …………………………………………… 92
103 不容争辩地驳斥灵魂的非形体性…………………………………………… 93
104 神学家们不断援引的超自然原因的荒谬性…………………………………………… 94
105 硬说唯物主义玷辱人的尊严是错误的…………………………………………… 94
106 续…………………………………………… 95
107 只有利用人类的轻信而从中渔利的人，才需要来世生活的教条…………………………………………… 95
108 在来世生活的教条中没有任何使人得到安慰的东西；如果这个教条也能成为对人的安慰，这还是不会证明它的真理性…………………………………………… 96
109 一切宗教原则都是十足的虚构。对它们的真理性的内在信念只是根深蒂固的习惯的结果。上帝是幻想的产物，妄加在上帝身上的各种属性是互相排斥的…………………………………………… 99
110 任何宗教都是为了用秘密来调和矛盾而虚构出来的一种体系 …………………………………………… 100
111 只为僧侣的利益而虚构出来的秘密，是极其荒谬的和毫

无用处的 …………………………………………………… 101
112 续 …………………………………………………………… 102
113 续 …………………………………………………………… 103
114 上帝——一切人的父亲——应当把一种宗教给予所有的人 …………………………………………………………… 104
115 其所以不需要宗教主要是由于它不可理解 ………… 104
116 从宣传另一些同样毫无意义的教理的其他宗教的观点看来,任何宗教教条都是荒谬的……………………………… 105
117 一个著名的神学家的意见 ……………………………… 106
118 有神论者的上帝和基督教的上帝同样矛盾和虚妄 …… 107
119 从古以来所有的民族都承认过某个上帝的权力的武断,绝对不可能成为上帝存在的证明 ……………………… 109
120 一切神灵都是蒙昧时代的产物;一切宗教都是无知、迷信和残酷的古代遗迹;一切现代的教理都是古代荒谬想法的死灰复燃 ……………………………………………… 110
121 一切宗教仪式都带有无知和蒙昧的印记 ……………… 112
122 宗教教条越古老和越流行,就越不应当信任它………… 113
123 宗教问题上的怀疑论可能是由于对神学教理的分析不深透和不周密 ……………………………………………… 114
124 驳启示 …………………………………………………… 116
125 上帝某个时候曾向人们现身并且和他们谈话的说法的证据何在呢? ……………………………………………… 117
126 任何东西都不会证明神迹的真理性 ……………………… 118
127 如果上帝和人们谈过话,奇怪的是,它用不同的方式和

不同宗教信仰的人谈话，这些不同宗教的信徒们互相谩骂，而且用充分的理由责备对方为迷信和不敬神明…… 119
128 神启可疑的起源及其不可理解性 …………………… 120
129 所谓神迹的极端荒谬性 …………………… 120
130 驳巴斯噶关于神迹的议论 …………………… 122
131 根据神学本身的原则，任何新的启示都应当被认为是虚妄和亵渎 …………………… 123
132 甚至殉教者所流的鲜血也否定神迹的真实性和基督教的神圣起源 …………………… 124
133 殉教者的狂信、传教士伪善的和自私的笃信绝对证明不了宗教的真理性 …………………… 125
134 神学使上帝变成理性和教育的敌人 …………………… 126
135 信仰和理性不相容，应该要理性，而不要信仰 ………… 127
136 硬说信仰胜于理性的各种诡辩的荒谬性和滑稽可笑 … 128
137 怎么能够要求人在对他有头等意义的问题上相信空话呢？ …………………… 129
138 只有在智力薄弱和懒惰无知的人身上宗教才是根深蒂固的 …………………… 130
139 所谓存在真正的宗教的说法是极其荒谬的，这种说法是政府动荡的根源 …………………… 131
140 道德和美德是不需要宗教的 …………………… 134
141 宗教无力遏制人的情欲 …………………… 135
142 名誉是一种比宗教更强大和更合理的约束力 ………… 136
143 自然，宗教也不能成为一种约束国王的力量，因为这些国王都是最残酷最腐化的暴君，他们效法上帝的榜样，他们俨然是上帝在地上的代表，他们利用宗教只是为了愚弄和奴役无依无靠的臣民 …… 137
144 最荒谬、最不可理解和最令人憎恶的权力篡夺的起源，即所谓君权神授的起源。——给君主们的几句明智的忠告 …… 138
145 宗教对政治是非常有害的；它只会培养出专横独断、腐化堕落的专制君主和百依百顺、不敢反抗的奴隶 …… 140
146 基督教过去之所以得到传播只是因为专制制度庇护了它，和所有的宗教一样，基督教也是专制制度最可靠的保卫者 …… 141
147 宗教的唯一目的就是使君主的暴政永远存在，和使各国人民屈从于这些君主 …… 142
148 当君主使各国人民受害受苦时，使君主们相信他们除了上帝谁也不怕，是十分危险的 …… 144
149 笃信宗教的君主是自己国家的祸害 …… 145
150 宗教不会可靠地保卫暴政躲过人民的愤怒。专制君主是自己戕害自己和濒于灭亡而不自觉的狂人 …… 146
151 宗教纵容君主的谬误，使他们免于恐惧和良心责备 …… 147
152 何谓开明君主？ …… 148
153 僧侣的主要恶德和罪行。僧侣利用所谓上帝和宗教的幌子犯罪和纵容自己的恶德 …… 149
154 神甫们的招摇撞骗行为 …… 150
155 玷辱道德、歪曲人类一切真正观念和一切神圣原则的宗教

——是无数灾难的根源 …………………………………… 150
156 一切宗教都宣传不宽容精神，所以一切宗教都是不人道的 …………………………………………………… 152
157 国教的弊端 ………………………………………… 153
158 宗教助长各民族的残酷行为和宣扬犯罪行为，它要人相信好像这些行为是符合神灵的天意的 ………………… 154
159 对于宗教造成的一切灾难只是人类情欲的悲惨结局这条原理的驳斥 ………………………………………… 155
160 一切道德都是和宗教原则势不两立的 ……………… 156
161 福音道德是无法履行的 …………………………… 158
162 由圣徒组成社会，那是不可能的…………………… 159
163 人的本性不是恶的；违反这种本性的道德不是为人创造的 ………………………………………………… 160
164 关于耶稣基督这个神甫们的上帝 ………………… 162
165 赎罪的教条是根据僧侣的利益虚构的 …………… 163
166 对神灵的恐惧无力抵抗人的情欲 ………………… 164
167 发明地狱来对付恶是荒唐透顶的 ………………… 165
168 专为僧侣的利益而虚构的宗教道德和宗教美德的荒谬性 ………………………………………………… 166
169 神学家们宣传和实践的基督教的仁慈的实质何在呢？ ……………………………………………………… 167
170 忏悔——僧侣的金窖——破坏了道德的真正基础 …… 170
171 对道德来说根本不需要假定上帝存在 …………… 171
172 宗教和宗教道德对人们是极有害的，也是违反人类本性

的 …………………………………………………… 173
173 宗教和政治的结合对于人民和君主都是极端有害的 … 174
174 对于绝大多数的人来说，宗教崇拜都是劳神伤财的…… 175
175 宗教腐蚀道德 ………………………………………… 176
176 笃信上帝的极其危险的后果 ………………………… 177
177 来世生活的假设不会使人得到安慰，也不是道德所需要的 …………………………………………………… 177
178 和虔信者比较起来，无神论者有更多的为善的动机，有更多的理由顺乎自己的良心 ……………………………… 179
179 应当认为主张无神论的君主比俯拾皆是的虔诚而且残酷的君主好 …………………………………………… 180
180 以哲学为基础的道德对于美德说来是完全足够的 …… 181
181 信念对人的行为有时很少影响 ……………………… 182
182 理性使人站到不信神和无神论的立场上来，因为宗教是极其荒谬的，而神甫们的上帝则是一种阴险恶毒的存在物 …………………………………………………… 184
183 唯有恐惧才会使人们变成信教的人和有神论者 ……… 185
184 我们是否能够和应当不应当爱上帝? ………………… 185
185 关于上帝和宗教的种种矛盾观念证明，无论上帝或宗教都不过是人类想象的产物而已 ……………………… 187
186 上帝的存在——一切宗教的基础——任何时候都还没有被证明过 ……………………………………………… 188
187 只能责备神甫自私，不能责备不信神的人自私………… 188
188 骄傲、狂妄自大和腐化在更大的程度上是神甫所固有的，

而不是无神论者和不信神的人所固有的 …………… 189
189 迷信是暂时的现象；任何一种力量如果不以真理、理性和正义为基础，就不能长久存在………………………… 192
190 如果神甫们变成了理性的使徒和自由的保卫者，他们该会得到怎样的权力，怎样的尊敬啊！ ………………… 193
191 如果哲学代替了宗教，世界上该会发生何等有益何等伟大的革命啊！ ………………………………………… 194
192 绝对不能把不信神的人临死时改信宗教说成是反对无神论的证据 …………………………………………… 195
193 所谓无神论破坏社会联系的武断是虚妄的 ………… 196
194 驳所谓人民需要宗教的陈腔滥调 ………………… 197
195 合乎理性的哲学体系不是为群氓创造的 …………… 198
196 神学的无益性和危害性。给君主们的几句明智的劝告 ……………………………………………………… 199
197 宗教对人民和君主的极有害的影响 ……………… 200
198 续 ……………………………………………………… 202
199 历史昭示我们，一切宗教的创立者都是这样一些人：他们利用人民的愚昧无知，悍然以神灵的使者自居………… 203
200 一切宗教（古代的或现代的）都互相袭用抽象的幻影和荒谬的仪式 ………………………………………… 205
201 神学过去一直引诱哲学离开自己的正路 ………… 206
202 神学发现不了也说明不了世界上和自然中的任何事物 ……………………………………………………… 206
203 神学歪曲了人类的道德观念和阻碍了理性和真理的发

展 …………………………………………………………… 208
204 续 …………………………………………………………… 210
205 必须不断地证明和重复说明，宗教是极其荒谬的和非常有害的 ………………………………………………………… 212
206 宗教——这是一口潘多拉的箱子，而这口不祥的箱子打开了 ……………………………………………………………… 213

附录 俄译本关于本书历史命运的介绍 …………………… 215

序

当研究者试图冷静地弄清楚人们的各种观点时，他首先感到惊奇的是，甚至人们以为最重要的那些观点，并不符合健全的思想，即不是根据利用最简单的方法达到对最简单的真理的认识，可以驳斥最不能容许的谬论和揭露赤裸裸的矛盾的那种判断方式建立起来的。这些观点的一个显明范例就是神学，这门学问在一切时代和一切国家中都被绝大多数凡人尊为最重要的事物；僧侣则认为这门学问对社会福利来说是最重要的、最有益的和最急需的。实际上只要泛泛地思索一下这种虚构的学问的基本原理就必然会承认：这些被认为是不容置辩的真理的基本原理，实质上只是一些大胆的猜想和无知的产物；它们凭赖宗教狂信和别有用心才普遍流行；它们由于胆小和轻信才被认作真理；它们得到从不使用思想的习惯的支持和维护，而它们之受到尊敬唯一是因为它们是不可理解的。蒙田[①]说："一种人迫使周围的人认为，他们信仰他们实

① 蒙田·米歇尔(1533—1592)，法国思想家、自由主义者。他的思想武器是反对中世纪经院哲学和宗教的怀疑论。在其名著《随笔》(1580)中，蒙田实质上宣传了无神论——他已经逼近于否定上帝是宇宙的创造者和指导者，批判了教会关于灵魂不死的学说、对奇迹的信仰、宗教不宽容精神等等。《随笔》对法国无神论思想的发展产生了重大的良好影响，18世纪法国启蒙派和无神论者，从梅叶到霍尔巴赫和狄德罗都常常利用了它。——俄译本注

际上并不相信的东西；另一种人（这是绝大多数）则使自己确信那同样的东西，虽然他们没有能力理解一般说来信仰是什么意思。”

简言之，谁愿意费点气力用健全的思想来评判宗教观点，并且用通常注意真正使我们发生兴趣的对象时那样多的注意力来考察这些观点，他就不难相信：所有这些观点都没有任何严正的根据；任何宗教都是空中楼阁；神学是提升为原则的、对自然原因的无知；它只是各种虚幻的幽灵和离奇的矛盾的杂乱的混合；在一切国家中神学都把根本不近情理的虚构报告给地球上各个民族的全体人民，这些虚构中的主角被说成具有各种不可理解的属性；使人心产生恐惧和敬畏感情的这个主角的名字本身原来只是一种空洞的声音，人们发出这种声音时并不使它同任何和事实没有矛盾并且显然不互相排斥的概念或属性联系起来。

如果这种不能用言词想象或描写的存在物没有给人们造成如此众多的灾难，认识它就不会有什么意义了。

人们都认为这个幽灵是最有意义的实在事物，在这种偏见的影响下，人们不是合理地承认这个幽灵是不可理解的和在这种幽灵身上用心思是没有丝毫用处和利益的，相反，而是得出结论说：他们对这个幽灵研究得越多就越好；必须不断地考虑它，永远谈论它，并且始终把它保存在理智和心灵中。在这方面人是绝对无知的，但是这种无知不仅没有削弱他们的好奇心，甚至还强烈地激起他们的好奇心；这种无知并没有使人们对自己想象力的这种虚构感到担忧，而是使人们变成狂信的和偏执的教条主义者，凡是对神学家头脑中产生的各种幻想的可靠性表示一点点怀疑的人都要受到这些教条主义者疯狂的攻击。

人在遇到不能解决的问题时，他该是多么的惶惑不安啊！如果人无法理解某种东西同时却认为它是自己所迫切需要的，则对这种东西的惊慌不安的想法自然会使人陷入十分恼怒的状态，并且使人产生各种危险的情欲。只要在这种精神状态中混进任何一点点自私心理和虚荣观念，社会安宁立即就会受到破坏。就是因为这个缘故，许多国家常常变成了种种最不可思议的动荡的舞台。这是狂妄的幻想家的过错，因为这些幻想家（不知是衷心地还是伪善地）把自己无聊的臆想冒称是永恒的真理，并且用它们来煽动各国君主和人民的情欲，号召他们去保卫教义，好像这些教义对于神灵的荣誉和他们祖国的昌盛都是十分重要的和必不可少的。极端气愤的宗教狂信者在世界各地成千次地进行屠杀，互相烧死，毫不动摇地而且甚至带着义务的意识干下了滔天罪行，使人类血流成河，这是为着什么目的呢？……目的就是：在人的意识中巩固和宣传几个宗教狂信者毫无根据的臆想，或者使人们相信几个招摇撞骗者所幻想出来的存在物（提起这个存在物，人们迄今只会想到在地球上借这个存在物的名义而发生的灾难、战争和暴行）的明显的谎话。

在遥远的时代，野蛮的、残酷的、永远互相格斗的各民族人民，在形形色色的名称下，崇拜适合于他们自己的风尚的某些神灵，即崇拜残酷的、凶恶的、专制的、嗜血的神灵。在一切宗教中我们都遇到同一个上帝——即战争的上帝、嫉妒的和复仇的掠夺者上帝，这个上帝不断地进行抢劫，所以它的崇拜者们都认为必须根据它的嗜好为它服务。人们给它送来许多祭品：羊羔、公牛、儿童、成年男子、邪教徒、异端分子、帝王和整个民族。难道热心替这种野蛮的上帝服役的人们没有达到这种地步，竟致认为必须把自己也当作祭品献给上帝么？我们处处都可以看到一些狂妄的人，在痛苦地思考过自己残忍的上帝以后都认为，为了博得上帝的宽大待遇应当危害自己，为了上帝的荣誉必须虐待自己，并且使自己受到最不可思议的折磨。总之，对神灵的这种不幸的思考，不仅不会使人们在世间这些必不可免的灾祸和悲哀中得到安慰，而且还在他们的心灵中散布动乱不安的情绪和造成极其有害的狂妄心理。

在这种条件下，被可怖的幽灵吓破了胆的，由热衷于使无知和无知所产生的灾祸永远存在的人们来指导的人类理性怎么可能发展和完善起来呢？人们用一切手段逼迫人在原始的迟钝状态中苟且偷安；人们只同他谈论仿佛决定他的命运的种种不可见的力量。被这些可怕的东西和不可理解的臆想完全控制的人，经常处在保留着替他思想和支配他的生命和命运的权利的僧侣独占的支配之下。

由于这一切，人过去始终是，而且现在仍然是没有经验的毛孩子、胆怯的奴隶和无知的人，他害怕独立思考，而且从来没有能力从神甫们当年把他的祖先们带进去的这个迷宫中走出来；人认为自己注定要在神灵的统治下永远苦恼不堪，虽然他只是根据世上的神职人员离奇失实的传说才知道这些神灵的。这些神职人员之所以给他钉上盲目接受的各种观点的镣铐，这或者是由于他们自己本来就是对他实行独占统治的人，或者是为了把他这个无依无靠的人交给极端专横的、其残酷并不亚于各种神灵的暴君去任意摆布，要知道暴君就是神灵在地上的代理人。

各民族的人民受到教会权力和世俗权力双重桎梏的压迫，既没有条件关心自己的教育，也没有条件关心自己的幸福。像宗教一样，无论政治和道德都成了凡夫俗子高不可攀的殿堂。除了神甫们仿佛根据神赐的灵感向人们宣布的那些法规以外，人们没有其他的道德。人的理性受到各种神学教条的愚弄，放弃了自我认识，怀疑自己的力量，拒绝经验，害怕真理，轻视健全的思想并且否认它，而盲目地屈从于强力。人变成了暴君和神甫手上任人摆弄的工具，这些暴君和神甫可以随心所欲地操纵他，同时，由于人变成了奴隶，所以几乎在一切国家和一切时代中他都获得了奴隶那些恶德和习惯。

世风败坏的真正根源就在这里；宗教永远只有用毫无实际作用的宗教上的各种障碍物来抵抗这种败坏的世风。无知和奴役使人们变得凶恶和不幸。只有科学、理性和自由才能促进人们的改造和幸福。但是，世界上的一切事物都在助长人们的愚昧无知，促使他们坚信谎话和谬误。神甫们欺骗他们，暴君们使他们堕落，以便更可靠地奴役他们。暴政过去和将来都永远是世风淫乱和人民经常遭受灾难的真实根源。人们受到各种宗教观点或形而上学幽灵的愚弄，不去探求自己痛苦的自然的和可见的原因，反而硬说自己的恶德是由于人的本性不完善，而自己的不幸则是由于神灵的愤怒。他们向上帝祷告，立誓，供献祭品，祈求上帝给他们免除灾祸，其实他们应该把灾祸的原因归于自己统治者的玩忽职守、无知和腐化，归于罪恶的行政制度、有害的习俗、错误的学说、轻率的法律，而主要则是缺乏教育。如果从人的儿童时代起正确的概念就得到了发展，如果他们的理性得到了必要的教育和指导，如果人们具有正义感，那么，为了同人的各种情欲作斗争，绝对不需要神灵和对神灵的恐惧。当人们获得真正的教育时，他们自然会变成善良的；当他们受到正确的管理时，如果他们对自己的同胞造成祸害，则将受到惩罚和蔑视，如果带来幸福和利益，就会得到奖励。

试图克服人们的恶德而不根除他们的偏见，是没有用处的。只有当人们发现了真理，他们才会认识自己的迫切利益和其所以要鼓动人们为善的真正原因。各民族人民的精神统治者们竭力使人们的视线萦注在天国已经太久了，使他们朝地上看的时刻终于来到了。人的理智被不可理解的神学、滑稽可笑的狂想和天真幼稚的仪式弄得疲惫不堪，让人的理智回头来研究自然的事物、易懂的对象、明显的真理和有益的知识吧；但愿统治各民族的虚无缥缈的幽灵烟消云散，但愿合理的思想在似乎永远注定要成为谬误的牺牲品的理智中自动地发育生长。为了消灭或者哪怕是深深地动摇一下宗教偏见，难道给人指明一切不可理解的东西对人并没有任何价值还不够么？为了相信一种对之没有任何明白的表象，如果不立即陷入矛盾就不能对之作任何说明的存在物是纯粹的虚构，为了相信一种不仅说明不了宇宙的各种秘密，而且只会使这些宇宙秘密变得更加无法说明的存在物是纯粹的虚构，为了相信人们在这样多的世纪的过程中即已徒劳无益地向之祈求得到幸福和避免痛苦的一种存在物是纯粹的虚构，为了相信这个存在物是一种不反映任何实在事物的观念，除了简单的健全思想以外，还需要什么东西吗？为了懂得由于谁也不理解的对类似的存在物的看法而互相敌视和互相折磨至少是多么不合理和荒谬，一种简单的健全思想不是足够了么？最后，难道一切不都是毫无例外地向我们证明，道德和美德同这种上帝观念是不相容的么？上帝手下的信

徒和解释人始终把上帝描写成一个最任性、最不公正、最残酷的暴君，但是同时，上帝的意志应当成为一切凡人都必须遵守的法律。

为了理解道德的真正基础，人们既不需要神学，也不需要天启，又不需要神灵；为此有一种简单的健全思想就完全够用了。只要人们回头看看自己，考虑一下自己固有的本性，权衡自己的实际利益，认清社会和社会成员的目的，他们就容易相信，美德对他们有双重的利益，而恶德则损害他们的利益。如果我们把人们教育成公正的、善良的、沉着的、和气的，那不是因为神灵需要如此，而是因为对人说来最重要的和最需要的事情是使同类感到愉快；如果对人们说，应当避免恶德和罪行，那不是因为这一切会给他们招致来世的惩罚，而是因为他们将在他们现今生活的世界上为此受到惩罚。孟德斯鸠[①]说："有一些防止犯罪的办法——这就是惩罚；有一些改变风尚的办法——这就是树立良好的榜样。"

真理是简单的。谬误是复杂的。谬误的道路无限曲折回旋。自然的声音任何人都能了解。谎言的声音则模棱两可、扑朔迷离和神秘莫测。真理的道路平坦笔直。谎言的道路昏暗弯曲。每个人都必须记住的这些原理是任何一个思想健全的人都不能怀疑的。一切正直的和诚实的心灵都倾听理性的声音。人们的全部不幸只在于他们的无知；而他们之所以无知，只是因为他们周围的环

① 孟德斯鸠·沙尔·路易(1689—1755)，法国社会学家和政治思想家，名著《论法的精神》(1748)的作者。孟德斯鸠从资产阶级立场尖锐地批判了封建制度，打击了宗教的社会观点，发展了社会现象合规律性的进步思想(按照他的观点，社会现象是受地理环境制约的)。他激烈地攻击了教会，否定了一切宗教的价值，并在其《波斯人信札》(1721)中捍卫了容许不同宗教信仰观点和逼近于政教分离的思想。——俄译本注

境阻碍着教育的发展；人们之所以愚蠢，唯一是因为他们的理性还没有受到足够的教育。

1　寓言故事

有一个幅员辽阔的由君主控制的国家，君主的行为是他的臣民所不理解的。这位君主希望人们知道他，爱他，尊敬他，服从他，而同时他从来又不把大家关于他所知道的一切显示出来，不使人有任何明白的和确切的表象。服从他的权力的人民，只有根据他的内阁大臣灌输给他们的那些概念才能设想这位不可见的掌权者的性格和法律；但是就是这些内阁大臣自己也承认：他们并不知道自己的主上，他的道路是不可预知的，而他的目的和特性也不可理解；不过，这些内阁大臣都自称是这位统治者的代表，而他们之间对于仿佛是来自这位统治者的命令的解释从来都没有过一致的意见。在国内每一地区，他们都按照不同的方式解释自己的国王的命令。他们经常互相矛盾，并且称自己的同伙是骗子和歹徒；他们自认为有责任予以说明和执行的法律和命令是不清楚的；这是臣民不能理解的和猜不出的、然而又是预定供启发臣民之用的谜语。不可见的君主的法律需要解释人；但是擅自扮演这一角色的人们经常互相争论法律的真正意义。其次，他们关于自己这位不可见的秘密的国王所说的一切话都只是一连串的矛盾，每个命题一经说出，他们自己立即予以否认。人们称这位统治者是无限善良的，而同时没有任何一个人不抱怨他的法律。人们认为他无限英明，而同时他的全部治绩都违反理性和健全的思想。人们颂扬他公正，与此同时，他的最正直的臣民原来都是最不幸的人。人们确信他看见一切，但同时他的遍在对什么都无用处。据说他热爱和平和秩序，与此同时，在他的治内却是一片混乱和毫无秩序；人们称他是万能的，然而国内所做的一切很少符合他的预定目的。他预见一切，而什么也不能防止。他不忍受侮辱，与此同时，却让每个人都对他抱怨。内阁大臣都赞扬他的英明和见识、他的创造物的完善性，与此同时，他的劳动的产物却有许多缺点，而且寿命不长。他经常进行活动，然而他所做的一切他立即加以改造、修正，而且从来不会对自己的工作感到满意。在自己的一切创举中，他都自动地把自己的光荣作为目的提出来，却不能获得普遍的承认。他为自己臣民的福利而劳作，但绝大多数臣民都缺乏最必需的东西。凡是他赏识的人通常很少满意自己的命运；他们不断抱怨这位掌权者，而他们却不停地称赞他的伟大、经常颂扬他的英明、赞美他的仁慈、在他的审判面前颤抖不安，虔敬地听从他的命令，可是从不实行。

这个国家是宇宙，这个国王是上帝，他的内阁大臣是神甫，而臣民则是百姓。

2　什么是神学？

有一门学问，其对象是无法理解的。和所有其余的科学根本相反，这门学问只研究人的感官不可知觉的事物。霍布斯[①]称之

① 霍布斯·托马斯（1588—1679），英国唯物主义哲学家和政治思想家。他的著作《论公民》（1642）、《论物体》（1655）和《论人》（1658）中包含着一种他赋予完整的机械论性质的唯物主义体系。在《利维坦》（1651）中，霍布斯从自然法理论出发，发展了自己的国家观，并且是最初的一些“从理性和经验中，而不是从神学中”（马克思语）得出这一结论的人中的一个。霍布斯认为宗教是政治统治的手段之一，和“用头脑对头脑

之为黑暗的王国。在这个领域内，一切服从同人们在他们所居住的世界上所能理解的那些规律相反的规律。在这个令人惊奇的王国里，一切光亮的和明白的都变成阴暗的和模糊的，一切显而易见的都变成靠不住的和虚妄不实的；不可能的东西变成可能的；理性的规律原来是不正确的，而健全的思想则变成荒唐的思想。这门学问就叫做神学，它不断地蹂躏着人类的理性。

3 续

这种体系是由于堆积了无限个如果、但是、据说和也许才逐渐建立起来的，它支离破碎，没有确定的形式，同时还把人引入迷途，使他们不再理解最简单的事物和丧失对最不可争辩的真理的信心。由于这种成系统的胡说八道，自然界在人看来就变成了无法理解的谜语，可见世界化为乌有了，而让位于不可见的世界；理性不得不屈服于想象，这想象唯一只能指出一条道路，通向它自己所虚构的幽灵之邦。

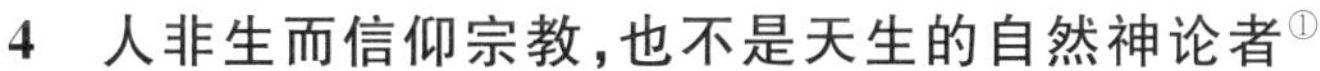

4 人非生而信仰宗教，也不是天生的自然神论者[①]

任何宗教都建立在上帝的观念上；但是人们对不作用于人的

虚构的或者根据国家允许的臆造而想象出来的不可见的力量”的恐惧来解释宗教。霍尔巴赫通过引证培尔的《历史批判辞典》得出一个结论，似乎“霍布斯害怕幽灵和魔鬼”，这个结论是错误的。霍布斯称“在知觉长时间的和有力的活动后仍然留在我们想象中的形象”为“幻象”。他断言，只有无知的人才会把“这些幽灵当作像我们之外的物体一样存在着的实在事物”。——俄译本注

① 自然神论者——自然神论的拥护者。自然神论是17世纪英国产生的一种学说，它认为上帝只是“第一推动”的泉源，只是世界的无人格的第一原因，而世界在其他

任何一种感官的存在物不可能有正确的表象。我们所有的概念，都是作用于我们的知觉器官的对象的反映。作为显然没有对象的概念的上帝概念能够反映怎样的实在事物呢？这种概念正如无因之果一样之为不可能岂不明显么？没有原型的概念能否是某种别的东西，而不是想象的产物呢？可是某些有学问的人确信：上帝概念是**天赋**给我们的；人一出世就已经固有这种概念！[①]任何概念都是判断的结果；任何判断都是经验的结果；经验的获得只是由于我们感官的活动；由此可以推出，宗教表象显然不是任何实在事物所引起的，它们也不是天赋给我们的。

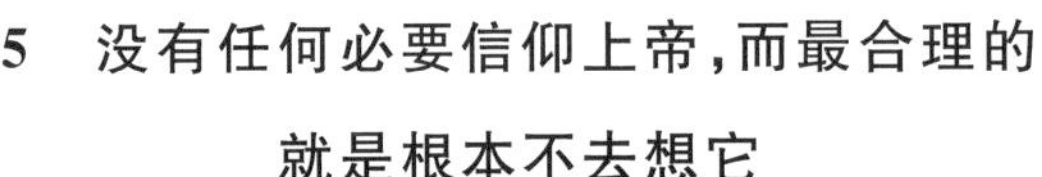

5　没有任何必要信仰上帝，而最合理的就是根本不去想它

任何宗教体系都只能建立在上帝和人的本性以及存在于他们之间的相互关系的基础上。但是，为了判断这些关系的实在性，应当有关于上帝本性的某种表象。与此同时，所有的人都肯定说，上帝的本质是人不可理解的，虽然同时他们又把各种不同的属性加在上帝身上，并且断定说，人不会不认识不可理解的上帝。

原来对人们来说，最重要的正是无论在何种场合下他们都不

方面则根据自然规律生存和发展。在17—18世纪，自然神论，像马克思指出的，“至少对唯物主义者来说”，常常是“摆脱宗教的一种简便易行的方法”（《马克思恩格斯全集》，中文第1版，第2卷，第165页）。伏尔泰和卢梭都是自然神论者。战斗的唯物主义者，霍尔巴赫坚决谴责了自然神论。——俄译本注

① 霍尔巴赫尖锐地批判了“天赋观念”的唯心主义学说，按照这种学说，某些一般概念和观念，包括上帝观念，似乎是人固有的。这一学说被神学吸收，并为教会在其不成功的企图论证宗教的“永恒性”时所利用。——俄译本注

能理解的东西。只要对上帝的理解是人做不到的，则绝对不去想它看来乃是最合理的事；宗教却认为，即使一个人一分钟没有想到上帝，他就犯下了极大的罪过。

6　一切宗教都以轻信为基础

我们听说，上帝的属性是人的有限理智无法理解的；由此本来应当得出一条自然的结论说，上帝的本性也不是为了成为凡人有限理智注意的对象而创造的；宗教硬要我们相信，人的有限理智一刻也不应当忘记他无法理解其属性的、不可理解的存在物。因此，宗教无非是一种使人的有限理智去掌握他不能理解的对象的艺术。

7　一切宗教都是无稽之谈

宗教是上帝和人之间的环节，或者说，宗教把他们互相联系起来。但是在这里有人武断说，上帝是无限的。如果上帝是无限的，则任何有限的、有死的存在物就不能同它有任何关系，也不能有任何联系。凡无关系的地方也就不能有任何相互的义务和协定。如果在人和上帝之间不可能有任何义务，则对人来说也就不能有任何宗教。由此可见，如果肯定上帝的无限性，我们就消灭了任何一种宗教对人这个有限的存在物的可能性。对于我们说来，无限性观念——这是没有原型，没有初型的无对象的观念。

8　认识上帝是不可能的

如果上帝是一种无限的存在物，则在上帝和人之间，无论在地上世界，或在某个别的世界，都不可能有任何关系，而且人的理智因此绝不可能设想上帝。即使承认另一种生活的存在，在这种生活中人将比在地上世界上更有教养些，上帝的无限性也永远会是人的有限理智所不可比拟的，所以，无论在天上或者在地上，上帝同样都将是人无法理解的。由此显然可以推出，人在另一种生活中对上帝的理解丝毫不会比他在地上生活中对上帝的理解多些。由此必然得出，智能上超越于人的存在物，如天使、天使长、六翼天使和特选者[①]，同样不可能比对上帝毫无所知的地上的人构成更加确切的上帝观念。

9 偏见的起源

要使有理性的存在物相信他们最不理解的事物对他们原来是最重要的，这怎么会可能呢？问题在于有人使人们产生了难以置信的恐惧，而当人感到恐惧时，他就不再思考；问题在于有人特别顽强地使人们不相信理性，而当理智的能力遭到破坏时，人就会相信一切而什么都不加考虑了。

10 一切宗教的起源

无知、恐惧——这就是一切宗教的支柱。人对上帝所抱有的迟疑态度，恰恰也就是他服从宗教的原因。无论在身体方面或在精神方面，一切未知的东西，一切模糊的东西都会引起人的恐惧。恐惧一成为习惯，就会变成需要，那时在人看来，如果不害怕某种

① 指基督教会的“圣徒”和“殉难者”。——俄译本注

事物，似乎缺乏了什么东西。

11 骗子手借助宗教以利用人的愚痴

如果一个人从童年起习惯于在他听到某些词句时就因恐惧而战栗，他就会产生一种听这些词句和感受恐惧的需要。因此人更愿意听信使他产生恐惧的人，而不愿听信试图安慰他的人。迷信的人强烈地需要恐惧；他的想象要求这样；可以说，人对任何事情都没有像害怕失去这个恐惧的借口这样担心。

人们——就是一些假病人，正是这些假病人的愚痴受到力图替自己的草药寻找销路的、唯利是图的骗子手千方百计的支持。人们总是宁愿听信大开药方的巫医，而不听信那些介绍正确的生活制度或信赖自然力量的人。

12 宗教用奇迹和圣礼引诱无知者

如果宗教是合理的和明白的，它对无知者就不会有诱惑力。无知者需要各种圣礼、灾祸、童话、奇迹、不可思议的和不实在的事物，因为这些东西会经常助长他们的想象。长篇小说、童话、关于死鬼和巫师的捏造，对无知的人的诱惑力比关于实在事件和事物的故事要大得多。

13 续

在宗教问题上可以把人们称做成了年的儿童。宗教原理越是荒唐无稽，其中神奇的东西越多，这种宗教获得的影响也就越大；笃信宗教的人认为无限的信仰是自己的义务；宗教越是不可理解，则在笃信宗教的人看来，它就越神圣；它的这一原理或那一原理越是不可思议，则把这种原理当作信条的人的功绩就越高。

14　宗教的产生应该归功于世世代代的无知和野蛮

宗教的诞生通常认为是在野蛮时期，在人类最早的童年时代。一切时代的宗教创始人，都在粗鲁的、无知的、落后的人们中间进行传道，还为他们这些人创造了各种神灵、宗教仪式、神话、关于灾祸和奇迹的童话。所有这些虚构，以各种各样的变异形式毫无批判地父子相传地继承下来了，也许在儿子那里比较文明一些，但都是同样的不合理。

15　一切宗教都是由于渴求统治地位而产生的

各民族最初的立法者认为自己的目的在于奴役这些民族；达到这个目的最容易的办法就是恫吓和愚弄人的理性；这些立法者把自己的信徒们引上了荆棘丛生的小径，以便使信徒们没有机会猜出他们的真正意图；他们强迫人们看着天，以便使人们看不见自己脚边的东西；在路上他们用各种童话来安慰人们；一句话，他们像时而用小曲时而用威胁叫孩子睡觉或安静下来的保姆一样地对待人们。

16　一切宗教中最不足信的东西就是宗教的基础

上帝的存在是一切宗教的基础。看来怀疑上帝存在的人是很少的；但是一切宗教的这块奠基石对于每一个能独立思考的人来说，首先就会是一块绊脚石。任何教义问答的第一条原理，过去是而且将来永远是一个最难解答的谜语①。

17　要相信上帝的存在是不可能的

可不可能真诚地认为自己相信不知其本性、人的知觉器官无法接触，而且人们不断肯定它不可理解的那种存在物是存在的呢？为了使我相信某种存在物的存在或存在的可能性，首先就必须把这种存在物的属性告诉我，这些属性要不违反和排斥其他一种属性；最后，为了使我完全承认这种存在物的存在，必须使我认识它那些可以为我理解的属性，并且向我证明，具有这些属性的那种存在物不可能不存在。

18　续

如果事物的表象包括既不能理解、甚至不能在思想上互相联系起来的两种互相否定的概念，这种事物就不可能存在。在人看来，明显性只能以人的感官不变的见证为根据，因为只有感官才会产生我们的表象，并且使我们有可能判断某种事物的可靠性和可

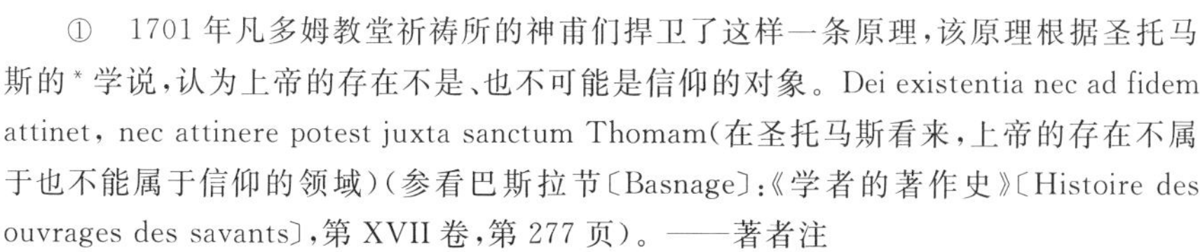

① 1701年凡多姆教堂祈祷所的神甫们捍卫了这样一条原理，该原理根据圣托马斯的*学说，认为上帝的存在不是、也不可能是信仰的对象。Dei existentia nec ad fidem attinet, nec attinere potest juxta sanctum Thomam（在圣托马斯看来，上帝的存在不属于也不能属于信仰的领域）（参看巴斯拉节〔Basnage〕:《学者的著作史》〔Histoire des ouvrages des savants〕，第XVII卷，第277页）。——著者注

* 指被天主教会尊为“圣者”的中世纪经院哲学家托马斯·阿奎那（1225—1274）。在多卷本《神学大全》中他企图论证基督教关于上帝“从无中”创造世界和灵魂不死的教义、信仰，把社会不平等和等级特权神圣化，要求承认教皇权力对世俗权力的优越性，只是为了惩罚教会的敌人，实现宗教裁判所的判决。充满着敌视人民和蒙昧主义的托马斯·阿奎那的学说至今仍然是天主教的“哲学基础”。——俄译本注

能性。凡不存在就会包括矛盾的那些事物，我们都可以承认其必然存在。这些大家都承认的原则一旦应用于上帝的存在时就不适用了；在这个问题上迄今所说的一切话，或者是不可理解的，或者是矛盾的，也正因为如此，在任何思想健全的人看来，这些话都应当看做是不可能的。

19 上帝的存在是未经证明的

人的所有认识都逐渐发展着和完善着。但是究竟根据什么决定性的原因，对上帝的认识仍然像以前一样模糊不清呢？在这个问题上，最文明的民族和最深刻的思想家，跟最蒙昧的野蛮人和最无知的蠢人站在同一水平上；其次，只要仔细考察一下，我们就会看到，我们对上帝的认识，被各式各样的虚构和幻想弄得越来越模糊不清。一切宗教迄今为止都只是建立在逻辑学上谓之**预期理由**(petitio principii)的命题的基础上。宗教首先建立一些没有根据的假设，然后又用它们来进行论证。

20 上帝是精神的论断没有任何实在意义

人们利用形而上学的推论方法得出结论说，上帝是**无形体的精神**；现代神学的这个论点是否表示比蒙昧人的神学有任何进步呢？蒙昧人承认某个伟大的灵魂是宇宙之主。蒙昧人也和所有的无知者一样，硬说由于没有经验使他们不能分析其真实原因的一切现象都是**精神**的作用。请问问蒙昧人，什么东西使得钟走动？他会回答说：**精神**。请问问我们的神学家，什么东西使得宇宙运动？他们会回答说：**精神**。

21 无形体性是一种幻象

当蒙昧人谈到精神时，他至少赋予这个词某种意义；他把这个词理解为像风、空气运动、吹气一样的某种力量，这种力量不知不觉地引起各种可见的现象。由于纠缠在无穷的谎话中，现代神学家不仅变成别人无法理解的人，而且自己也不再理解自己了。请问问他们，他们所谓精神这个词是什么意思呢？他们就会回答您说，这是一种极端单纯的未知的存在物，它没有广延性，而且一般说来，它和物质毫无共同点。老实说，找不找得到任何一个凡人能够对这种存在物有丝毫的表象呢？精神一词在现代神学语言中除了毫无意义以外，难道还有什么别的意思么？所以说，无形体性概念是一种不反映任何实在事物的概念。

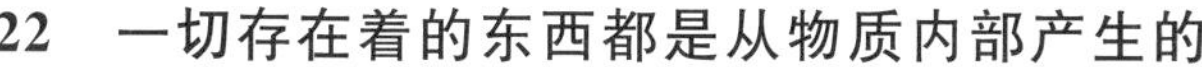

22 一切存在着的东西都是从物质内部产生的

既然我们的全部感官都可以证明物质的存在，既然我们时时刻刻都可以感受到物质的影响，既然我们经常观察到物质在活动，在运动，不断地传递运动和不断地产生，另一方面，既然一种存在物不能从自身中得出它所没有的东西，既然由于硬加在它身上的无形体性，这种存在物就不可能创造任何东西，也不能推动任何东西，那么，承认一切存在着的东西都是从物质内部产生的，比硬说一切事物都是玄妙的力量、无形体的存在物所创造的，难道不是更自然些、更简单些么？十分明显，企图使我们相信精神影响物质的那些表象，始终是没有根据的，它们不反映任何实在事物。

23　什么是现代神学的形而上学的上帝?

古代人认为有物质的身体的丘比特[1],能够做运动,能够创造、破坏和产生和自己类似的存在物;现代神学的上帝是没有形体的存在物。按照硬加在它身上的本性,它既不能在空间占住一个位置,又不能使物质运动,既不能创造可见的世界,又不能产生人们或神灵。这种形而上学的上帝好像是没有手的工人。它只能产生荒诞、幻想、疯狂和纠纷。

24　崇拜太阳不会比崇拜精神上帝(бог-дух)更不合理

既然人们这样需要上帝,为什么他们不选择太阳这个可见的、自古以来为这样多的民族所崇拜的上帝呢?我们这个古老的发光体照耀着、温暖着和鼓舞着一切存在物,它在时自然界就会苏醒和更新,它不在时万物都会陷入忧郁和黑暗,难道没有更多的权利崇拜它么?如果在人们的心目中,某种存在物也能体现出伟大、创造能力、善、不朽,则这无疑是太阳。太阳,在人看来,应当是自然之父、宇宙的主宰、神明。在任何场合下,凡是有健全理智的人,都不能否认太阳的存在,或否定它的有益影响。

25　精神上帝没有欲望和活动的能力

神学家们叫嚷说:上帝不需要手可以进行自己的活动,它仅凭

---

① 丘比特,古代罗马人的最高神祇,等于古希腊的宙斯。——俄译本注

自己的意志可以创造万物。但是，这个拥有意志的上帝究竟是什么呢？上帝的这种意志能够要求什么呢？

相信菲亚、爱尔菲，相信鬼魂，相信魔术家，相信妖精，难道比相信精神对身体的神秘的和不可能的影响更愚蠢更困难么？如果我们承认这种上帝是可能的，我们就不会对任何无稽之谈和莫名其妙的臆想感到愤慨。神学家对待人们的态度就像对待从来不怀疑他们所叙述的童话的真实性的小孩子一样。

26 什么是上帝？

只要听一听神学家的话就会相信上帝不可能存在；我们一开始就很容易看出，他们关于上帝所说的一切，和他们妄加在它身上的各种属性，是根本不相容的。什么是上帝？这是一个抽象名词，虚构这个名词的目的在于表示一种潜藏的自然力量；或者说这是一个没有长宽高的数学上的点。一位哲学家很机智地论到了神学家，说他们解决了阿基米德[①]著名的课题，因为他们在天上找到了一个支点，他们利用这个支点就可以把世界翻一个边[②]。

① 阿基米德(公元前约287—212年)，古希腊的数学家和力学专家。霍尔巴赫这里指的是阿基米德的一句传说的话："给我一个我能站立的支点，我就会推动地球。"——俄译本注

② 大卫·休谟(1711—1776)，英国资产阶级哲学家，主观唯心主义者，其著作最著名的是《人类理解研究》(1748)、《道德原则研究》(1751)和《宗教的自然史》(1757)。休谟宣传哲学怀疑论和以道德为基础的自然神论，批判了上帝存在的神学"证明"。他认为宗教是幻想和恐惧的产物。但是他在向"受过教育的"上层社会表示意见时建议为人民群众保存宗教和宗教道德。法国启蒙思想家，也包括霍尔巴赫在内，都珍视休谟的宗教怀疑论。——俄译本注

27　完全不能容许的神学矛盾

宗教使人类屈服于这样一种存在物：它没有广延，同时却其大无外和包容万物；它无所不能，而从来不实现自己的欲望；它无限善良，而只是招致不满；它力求和谐，而到处散播纠纷和混乱。谁愿意谁就试着去猜测什么是神学家的上帝吧！

28　崇拜上帝意味着崇拜虚构的东西

为了避免误解，人们直率地对我们说："知道什么是上帝是完全多余的；应当崇拜它，不必知道它；它的特点是我们放肆的目光看不到的。"但是，在同意尊敬某个上帝以前，难道不应当首先相信它的存在么？如果不验证一下它能否拥有妄加在它身上的那些形形色色的属性，又怎么会相信它的存在呢？老实说，崇拜上帝无异于崇拜人的想象创造的虚构物，或者简直就是崇拜乌有的东西。

29　上帝的无限性和理解上帝本质的不可能性会导致无神论

神学家们抱着无疑是扰乱问题的目的，互相约定绝口不正面谈论上帝；他们利用反证法来说明上帝的特性，并且以为他们可以用否定和抽象的方法创造一种实在的和完善的存在物，但是他们实际上只创造出一个虚构的东西、一个纯粹的抽象名词。精神是一种不是身体的东西；无限的东西是一种不能称为有限者的东西；完善的东西是一种不可能是不完善的东西。凭良心说，谁能够用这种堆砌各式各样的否定概念和缺乏概念的方法形成任何实在的观念呢？一种排斥任何概念的东西只能是无。

断定上帝的属性超乎人的理解力，就无异于承认上帝不是为人们而创造的。断定上帝中一切都是完善的，就无异于承认在上帝和它的创造物之间不可能有任何共同点。说上帝是无限的，无异于剥夺人理解上帝的可能性，从而使它变成不为人所需要的。

人们向我们说："上帝把人创造成有理性的，但不是全知的，这就是说，人没有能力知道一切。"由此得出结论说，上帝没有赋予人理解上帝的本质的能力。在这种场合下很明显，上帝不可能也不愿意成为人的认识对象。既然如此，上帝有什么权利可以对那些按其本性不可能使自己形成关于上帝本质的观念的人们生气呢？如果上帝仅仅为着某个无神论者不知道由于自己的本性而没有能力认识的那种事物就打算惩罚这个无神论者，则上帝显然是一个最不公正的和最专横的暴君。

30　不信上帝并不比信上帝更危险或更有罪

对于绝大多数人来说，最有说服力的理由就是恐惧。神学家们也就根据这一点劝导我们选择最可靠的道路，他们硬要人相信，没有比不信神更大的罪过了，上帝会毫不怜悯地惩罚所有敢于怀疑其存在的人；上帝采取这种严厉的办法是有道理的，因为只有狂妄和淫荡才会使人否认残酷地报复无神论者的、怒气冲冲的君主的存在。如果我们十分冷静地判断这些恫吓，那就会看到，它们都是从同一个可以争论的论点出发的。在向我们说明信仰上帝的优越性和由于怀疑上帝存在或否定上帝存在而造成的危险性以前，应当首先多少满意地向我们证明上帝的存在本身。然后应当向我们证明，这个公正的上帝真正可以残酷地惩罚人们，惩罚的原因则仅仅是由于他们过分弱小，以致相信他们有限的理智无法理解的存在物的存在。一句话，应当证明号称无限公正的上帝可以因为人们对上帝的神圣本质的无法避免的和不可克服的无知而极端残酷地惩罚他们。

但是这样一来，应不应该承认神学家的这一切议论至少是奇怪的呢？他们创造出各种幽灵；他们从矛盾和荒谬中捏造出这些幽灵，然后又使人相信，最正确的道路就是不怀疑他们自己虚构出来的这些幽灵是存在的。假使遵循这种原则，那么结果就会是，信仰荒唐的事比不信仰荒唐的事倒更安全些。

所有的儿童都是无神论者；他们没有任何关于上帝的观念；难道可以把他们的无知看作罪过么？从什么年龄起孩子们有信仰上帝的义务呢？人们答复我们说，一旦成为有理性的存在物，人就有信仰上帝的义务，然则从哪儿年开始人会变成有理性的存在物呢？……可是，如果最深思熟虑的神学家对于他们并不希望加以理解的上帝本质的定义也茫无所知，那么普通的凡人、妇女、手工业者，总之，绝大多数人类关于上帝又能够有什么样的观念呢？

31　上帝信仰无非是童年以来一种根深蒂固的习惯

人们信仰上帝是由于听信了别人的一些话，这些人本身对上帝并不比他们多知道一些。在信仰方面我们最初的教师是我们的乳母；她们像谈论妖怪一样地向孩子谈论上帝；她们从儿童很小的年纪起就教他们机械地叉着双手祈祷。乳母教儿童祈祷，但是她们对于上帝的知识会多于儿童么?

32 宗教是一种根据父子相承的传统遗留下来的偏见

宗教是同其他一切义务一起作为传家宝而父子相传的。世界上有少数人信仰上帝,其他的人对这件事是不关心的。我们每一个人都从父母和教养者那里得到一个上帝,这个上帝又是我们的父母和教养者从自己的父母和教师那里继承来的;不过我们每个人都根据自己固有的性格来改变、美化和变更这个上帝。

33 偏见的起源

人脑是一块柔软的蜡,尤其在童年时是如此。这块蜡保存着人希望获得的一切观念的痕迹。人的全部信念几乎都应当归功于教育;这些信念都是人在他还没有独立思考能力的年龄获得的。我们认为,我们在童年时期获得的真观念或假观念都是我们自己的本性固有的,我们和这些观念一起来到了人间;而这种信念则是我们各种谬误的基本泉源。

34 偏见是怎样传播和深入人心的

偏见使我们牢固地接受我们的教养者的观点。我们认为这些人是比较聪明的;我们料想他们会深信他们教给我们的知识。我们完全信任他们。因为在我们必须得到旁人帮助的时候,他们经常关怀过我们,所以我们认为他们不会欺骗我们。这就是驱使我们根据我们的教养者有害的教训形成上千种谬见的原因;即使禁止思考我们听到的言论，也不仅不会破坏我们对他们的信念的信任，而且有时甚至会促进这种信任。

35 如果人们在人没有思考能力的那个年龄不曾承认现代神学的教条，他们就绝对不会相信这些教条

人类教师的做法很有远见：他们在人不能分辨真伪和左右手的年龄就使人们承认各种宗教原则。要使四十岁的人承认我们从小所获得的那些极其荒谬的神灵观念，那是十分困难的，正如很难从还在幼年就接受了这些观点的人的头脑把这些观念驱逐出去一样。

36 自然界的奇迹绝对不能成为上帝存在的证明

人们硬叫我们相信，只要观察一下自然界的奇迹就足以相信上帝的存在，并且完全承认这条重要的真理。但是世界上究竟有多少人具备必要的闲暇、条件和天赋可以观察自然和思考自然规律呢？绝大多数人对自然界都是漠不关心的。农夫对他朝夕所见的太阳的壮美根本无动于衷；水手对潮水的时涨时落并不感到惊讶，从这种现象中他不会推出任何宗教前提。自然界的奇迹仅仅在某些有偏见的人看来才是上帝存在的证明，因为他们预先就指出了他们并不理解其原因的所有那些现象中都有天命在焉。不受偏见束缚的学者认为自然界的奇迹只是说明自然界具有伟大力量，只是说明自然规律是固定不变的和多种多样的，只是说明这些奇迹都是不断变化的物质用各种最不同的形式结合起来的必然结果。

37 自然界的奇迹可以用自然的原因来说明

某些深思熟虑的神学博士不承认自己对自然规律的无知，而是竭力在自然界限之外，即在想象世界中，寻找比毕竟能够从之得到某种观念的自然界还更玄妙更陌生的力量，是否有什么事情能够比这些神学博士的逻辑更加奇怪呢？所谓上帝是我们可以见到的一切现象的创造者的说法，岂不等于认为这些现象有某种不可见的神秘的根源么？什么是上帝呢？什么是精神呢？这全是原因，对于这些原因我们是没有丝毫观念的。学者啊！去研究自然和它的规律吧；一旦你们能够发现自然原因的结果，请不要求助于超自然的原因吧，要知道，超自然的原因不仅不会帮助你们理解自然，而且还会使你们失去理解自己的能力。

38 续

我们听说，没有上帝的自然界是完全不能说明的，这就等于说，为了说明某种不大了解的现象，需要有一种我们对它简直没有任何概念的原因。由此可见，神学家们企图驱散黑暗，却使大地更加漆黑一团。他们想解疙瘩，却使疙瘩越解越多。大自然的研究者啊！你们竟力图证明上帝的存在！写写植物学的论文吧；去细心研究人体的一切部分吧；集中力量来观察天上行星的运行吧；然后再回到大地，去对地上水的流动感到惊奇吧；去欣赏那些由活原子组成而你们却误认为是体现你们上帝的伟大的蝴蝶、昆虫和水螅吧；所有这些东西都不会证明上帝的存在；它们只会使你们相信，你们对物质的无限的多样性，对物质以无限多的形式结合起来的物质的作用，即对宇宙的作用，并没有正确的观念。你们的全部观察都只会向你们证明：你们并不懂得自然是什么；你们对自然力量并没有丝毫观念，因为你们认为自然界不能产生无数种形式和存在物，在这些形式和存在物中，你们的眼睛即使利用显微镜也只能看到最小的一部分；最后，你们会相信，由于你们不认识可以知觉和可以认识的原因，所以在你们看来，比较简单的办法就是用一个名词来表示这个原因，对于这个原因你们绝对不能得到任何真正的表象。

39　世界不是创造的，而物质是自己运动的

人们郑重地向我们声明：没有无原因的结果；人们时刻反复地向我们说：世界不是自己产生自己。但是世界是原因，而不是结果，世界不是创造物；世界之所以不是被创造的，因为它不可能被创造。世界永远存在；它的存在是必然的。它是自身原因。自然界的存在物显然在于活动和产生；自然界为了实现自己的职能，不需要任何不可见的推动者，这是我们亲眼看到的，因为这个推动者比自然本身还要神秘莫解。物质的运动是由于自己的能力，这种能力是物质异类性的必然结果；物质运动的多样性，物质活动表现的多样性乃是自然界的多样性的唯一原因；而我们只是根据我们所获得的印象和我们感官所受到的影响的多样性来区别各种现象。

40　续

我们看到，在自然界中，一切都在不断地运动着；神学家则坚决地认为自然界本身是静止不动的、僵死无力的！神学家们常说，

依据自己的本质而活动的自然界整体，还需要某个局外的推动者！这个推动者究竟是什么呢？你们要知道，这就是精神，即完全不动的和矛盾的存在物。我要提出的结论是：物质是自己运动的。现在应该停止议论精神的推动者了，因为这个推动者并不具有使物质运动所必需的任何一种性质。现在应该抛弃各种华而不实的理论，而从想象世界回到实在世界来了；我们要研究第二原因，而把这些第二原因的第一原因留给神学家，要知道，为了使我们观察到的一切结果产生出来，自然界是不需要第一原因的。

41 还有一些证据说明：运动是物质本身固有的，以及因此，没有任何必要去假定精神推动者的存在

我们可以知觉物质世界的各种现象和事物，获得关于这些现象和事物的概念和表象，弄清它们互相间的区别，只是由于它们给予我们的那些印象或影响，我们才认为它们具有这些或那些属性。为了认识或知觉任何一种事物，必须使这种事物作用于我们的感官；如果不在我们自己身上引起某种运动，任何事物都不能作用于我们；同时，只有由于这种事物本身就在运动，它才能够在我们身上引起这种运动。只要任何一个对象作用于我的视觉，作用于我的眼睛，我就可以看见这个对象；如果没有某种发光的、有广延的、有色的物体作用于我们的视觉器官或视网膜的运动，我就不能设想光线和视觉印象。如果我感觉到气味，我的嗅觉就必须获得发出气味的物体的微粒运动所产生的刺激。如果我听到声音，我的鼓膜就应该知觉到发声物体的运动所产生的声浪的击打，因为如

果发声物体本身不运动,它就不会发出声音来。由此可以十分明显地得出结论说:没有运动,我就不能知觉对象,感觉对象,区别对象,比较对象,判断对象,甚至不能把自己的思想集中在对象身上。

我们从学校里知道,任何存在的本质就是决定着这个存在全部属性的那个东西[①]。所以,很明显,我们所知道的那些事物或物质的一切属性都受运动的制约,因为我们只有根据运动才能认识这些事物的存在,而且我们关于这些事物的最初感觉和最初表象也是由运动引起的。只是由于我在自己心中所感觉的运动,我才能够相信本身的存在。因此,我必须得出结论说:运动是物质固有的,正如广延性是物质固有的一样;没有运动,物质就不能被知觉。

如果有人还是要向我顽固地否认证明运动是一切物质所固有的和独具的这些不容争辩的道理,那么,他至少不能不承认,看起来是僵死的和没有能力的事物,只要使它们相互作用,它们自己就会运动。例如,放在瓶子里不使与空气接触的自燃物[②]是不能燃烧的。但是,一旦同空气接触,难道它不会立即燃烧起来么?难道面粉和水互相混合时不会开始发酵么?所以说,不属于动物界的物质本身可以产生运动;而自然界并不需要推动者就可以使自己活动。顺便说说,人们赋予这个推动者许多不会促成任何活动的属性。

① Exsentia est quid primum in re, fons et radix omnium rei proprietatum.——著者注

② 自燃物,或焦磷酸(HP_2O_7)——通过加热磷酸和接触空气着火燃烧的方法得到的一种化学物质。——俄译本注

42　人的存在绝对证明不了上帝的存在

人是从哪里来的呢？他最初的来源如何呢？他是不是原子偶然结合的结果呢？第一个人当真是地上的尘土做成的么？这件事我不知道。在我看来，正如其余一切现象和事物一样，人也是自然界的创造物。我也很难说，最初的石头，最初的树，最初的狮子，最初的象，最初的蚂蚁，最初的橡实等等，是从哪里来的，正如我很难说明人类的起源一样。

人们反复不断地对我们说：承认天主的权力吧，承认这个智慧无穷和无所不能的创造者的权力吧，因为它的创造物——人是十分了不起的。我承认，人的确是一种值得惊异的现象；但是既然人在自然界中存在，我就不能认为自己有权肯定说，这个自然界没有力量创造人；我还认为：如果人们对我说，人是没有眼睛、没有脚、没有手、没有脑袋、没有肺、没有嘴、没有呼吸的精神创造的，这个精神拿起一块泥土，并且把生命吹进这块泥土中，于是人就创造了，则在我看来，人的构造和创造就更加难懂多了。

我们觉得住在巴拉圭[①]的野蛮人都是些愚人，因为他们相信人是从月亮里下来的；欧洲的那些神学家们则把自己的起源妄加在精神身上。他们比巴拉圭的野蛮人聪明多少呢？

人是有理性的；由此可以得出结论说，他只能是有理性的东西的创造物，而不是没有理性的自然界的创造物。即使没有比享有

① 霍尔巴赫指的是瓜拉尼安部族的印第安人，他们是南美巴拉圭共和国的土著居民。——俄译本注

如此引为骄傲的理性的人更罕见的现象，我还是承认，人是有理性的，他的需要使他具有这一属性，而和其他人们的交往则促进理性的发展。但是，不论在人身上，或者在人所具有的理性中，我都看不出据说创造了这部机器的造物主的无限理性的任何一点明显的表现；我看到，这部灿烂辉煌的人体机器遭受过破坏；我看到，它的值得惊异的理性往往逐渐衰微，不然就是完全消逝；我要得出结论说，人的理性依赖于物质的人体器官一定的结构；没有任何理由可以根据人是有理性的存在物而得出上帝应当有理性的结论，正如不能根据人是物质的存在物得出上帝的物质性的结论一样。人的理性不能证明神灵具有理性，这恰如人的阴险性不能证明据说创造了人的上帝具有同样的阴险性一样。无论神学从怎样一些观点来分析这个问题，上帝始终都是为原因本身的结果所否定的原因，或者是不能根据他的创造活动来判断的造物主。我们经常看到，不完善性的恶、狂妄都来自一个本源，这个本源据说是仁慈的、完善的和聪明的。

43　不论是人或者是宇宙，毕竟不可能是偶然性的结果

你们会说，总而言之，有理性的人，像整个宇宙以及构成宇宙的全部现象和事物一样，都是偶然的结果！根本不对，我再说一遍：宇宙不是结果；它本身乃是一切结果的原因；世界上存在着的万事万物都是这个原因的必然结果；这个原因有时使我们认识它的一些属性；宇宙的大部分活动规律仍然是我们不知道的。人利用偶然这个名词来掩饰自己对真实原因的无知；但是不管人是不

是知道这些原因，它们的作用总是完全服从于一定的规律。无原因就不会有结果。

自然界一词我们用来表示无数的存在物和物体，这些存在物和物体是在我们眼前发生的种种运动的无限结合和联合。一切活的和死的物体都是一定原因的必然结果，这些原因必然会产生我们可以看见的各种现象。自然界的任何现象都不可能是偶然的；一切自然现象都遵守确定的规律，这些规律则表示已知结果同它们的原因有必然的联系。物质的任何一个原子都不能任意地或偶然地和其他原子相遇；这种相遇是受永恒不变的规律制约的，因为这些规律必然预先决定着每一个存在物的行为在特定条件下不可能以另一种方式活动。说原子可以任意运动，或者把某些结果说成是偶然现象，这等于说不出什么道理，或者是承认自己对自然界的各种物体据以活动、碰撞和结合的那些规律完全无知。

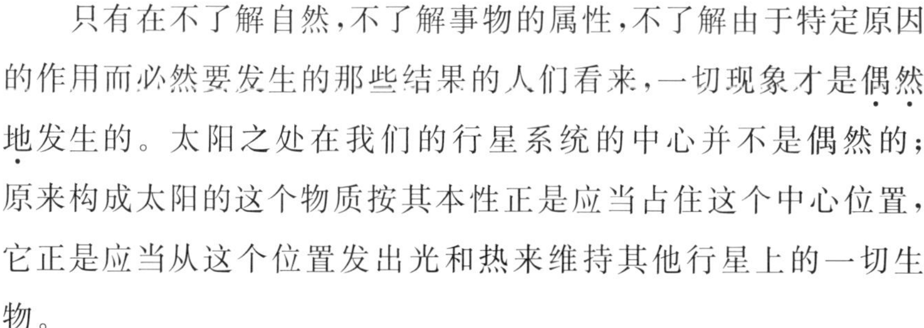

只有在不了解自然，不了解事物的属性，不了解由于特定原因的作用而必然要发生的那些结果的人们看来，一切现象才是偶然地发生的。太阳之处在我们的行星系统的中心并不是偶然的；原来构成太阳的这个物质按其本性正是应当占住这个中心位置，它正是应当从这个位置发出光和热来维持其他行星上的一切生物。

44 宇宙的规律也不会证明上帝的存在

崇拜神灵的人认为正是宇宙的规律不可辩驳地证明了统治宇宙的理性存在物是存在的。这些规律只是对我们时而有利时而有害的各种原因或情况的必然结果;因此我们赞许一些原因,而指责另一些原因。

自然界遵循着自己确定不移的规律;这就是说,同一些原因引起同一些结果,只要这种联系不为可以改变最初结果的某些其他原因的干涉所破坏。如果通常我们在自己身上感受其结果的那些原因,受到其他不常见的、其自然性和必然性绝对不会因为尚不为我们所认识而降低的原因的作用或推动,我们就非常惊讶,并且大呼奇迹,因为我们是把这样一种原因叫做奇迹:我们对这种原因的认识比对我们可以知觉到的原因的认识更加少得多。

世界上永远是和谐占统治;世界上不可能有混乱。如果我们埋怨没有秩序,埋怨世界秩序受到破坏,这只是说明我们自己这部机器没有秩序罢了。遍布宇宙的一切物体、一切原因、一切存在物必然要像我们观察到的那样活动着,而不管我们是否赞同这种活动的那些结果。地震、火山爆发、洪水、瘟疫、歉收——这些都是必然的结果,也都是出于事物的本性,正如固体下落、河水流动、海潮的定期涨落、一阵风、及时的雨水以及对我们有利的一切结果和现象那样,而我们却为它们赞扬和感谢上帝。

赞美确定的世界秩序,无异于因为同一些原因永远产生同一些结果而惊讶。对自然灾变感到奇怪,无异于忘记:如果原因改变了,或者受到了其他某些因素的作用,则其结果就必然要改变。对自然事物一定的秩序感到诧异,无异于一般地对某种事物的存在感到诧异;无异于对自己的存在感到奇怪。对一种东西说来是秩序,对另一种东西说就是无秩序。所有恶毒的人都认为,使一切事物紊乱不堪是理所当然的;他们认为任何干涉他们的危害活动的行为都是根本不合理的。

45 续

如果认为上帝是自然界的创造者和推动者,我们就应当承认,世界上不可能有任何乱七八糟的和秩序混乱的现象;因为上帝所创造的一切原因,都应当根据这些原因所具有的那些属性、动机和性质必然地活动。如果上帝突然改变了通常的世界秩序,它就不再是不变的了。人们认为宇宙的规律最令人信服地证明了上帝的存在、它的智慧、威力和仁慈,如果这些规律受到破坏,人们就一定会怀疑上帝的存在,怀疑上帝反复无常、软弱无能,怀疑上帝在开始进行创造的时候没有远见和智慧;我们就会有权责备它粗心大意地选择自己所创造、预备或使用的这些或那些手段和工具。最后,如果秩序与和谐证明上帝的威力和智慧,则对这种和谐的任何破坏就会成为上帝软弱、无常和狂妄的证据。

我们听说,上帝是普遍存在的,它是其大无外、无处不在的,没有上帝就没有一切,如果上帝不使物质运动,物质就会是僵死的。但是,既然如此就必须承认,正是这个上帝对于秩序混乱的现象是有责任的,它使自然界互相争夺,它是混乱现象的缔造者,它促使人去犯罪。要知道如果上帝是普遍存在的,那就是说,它也存在在我的心中,它永远同我一起活动,它同我一起犯错误,它同我一起痛恨上帝,并且同我一起否认上帝的存在。神学家啊!当你们谈论上帝时,你们甚至不再理解你们自己了!

46 无形体的精神不可能具有理性，崇拜神灵的理性乃是最纯粹的无稽之谈

为了具有我们称之为**理性**的那种东西，必须先有观念、思想、欲望；为了具有观念、思想、欲望，必须有相应的各种器官；为了具有各种器官，必须有身体；为了作用于其他物体，必须自己有身体；为了感觉到秩序破坏的某种现象，必须赋有感觉痛苦的能力。由此可以明显地推出，无形体的精神不可能具有理性，也不能知觉到世界上所发生的一切事变。

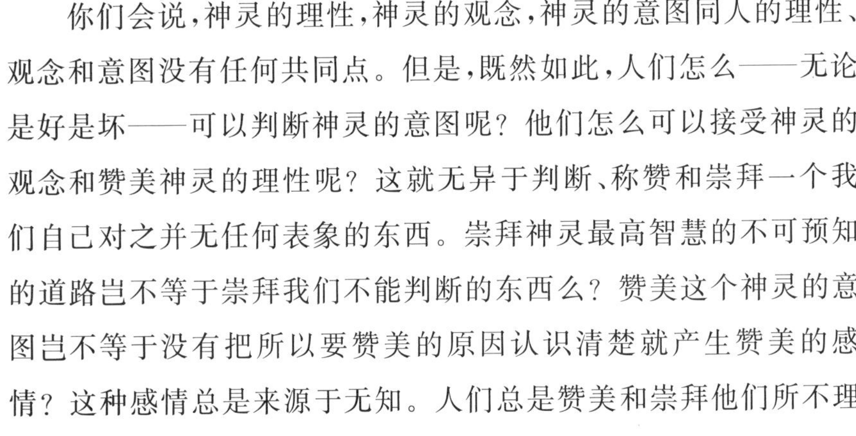

你们会说，神灵的理性，神灵的观念，神灵的意图同人的理性、观念和意图没有任何共同点。但是，既然如此，人们怎么——无论是好是坏——可以判断神灵的意图呢？他们怎么可以接受神灵的观念和赞美神灵的理性呢？这就无异于判断、称赞和崇拜一个我们自己对之并无任何表象的东西。崇拜神灵最高智慧的不可预知的道路岂不等于崇拜我们不能判断的东西么？赞美这个神灵的意图岂不等于没有把所以要赞美的原因认识清楚就产生赞美的感情？这种感情总是来源于无知。人们总是赞美和崇拜他们所不理解的东西。

47 神学家们赋予上帝的各种属性，是跟他们所规定的神灵的本质矛盾的

妄加在上帝身上的一切性质不可能属于按其本性和人毫无相同点的存在物。神学家们的确以为只要使上帝具有人的各种最完善的属性就可以摆脱这个矛盾。但是，当神学家们无限地设想这

种完善性时，他们就会得到不能容许的矛盾。把神和人这样结合起来会有什么结果呢？或者说，神人结合论的结果是什么呢？结果是这样一种幽灵：尽管神学家们费了很大的气力才想出这样一种结合，但是只要对它说出某种肯定的意见，它立即就会化为乌有。

但丁在其《天堂篇》[1]中说，上帝通过三道变幻出各种鲜艳色彩的光圈的形象显现在他的眼前；但是只要诗人愿意更仔细地注视一下这种光圈的夺目光辉，他一定会看到自己的面孔。所以说，人崇拜上帝时只是崇拜他自己。

48 续

即使最肤浅的思考难道不会使我们相信上帝不可能具有任何一种人类美德或其他的任何一种属性么？我们的美德和其余的性质，是我们多种多样的性格的产物。然而，难道上帝能够有和人一样的性格么？我们的这些属性或那些属性视其对我们与之共同生活在社会中的那些人的关系如何而称为肯定的或否定的。在神学家看来，上帝是唯一的存在物；它没有和自己相似的东西，所以上帝不是生活在社会中；上帝对任何人都无所需求；上帝是永远幸福的，没有任何东西能够损害上帝的幸福；因此，神学家们应当承认，根据他们自己的观点，上帝不可能具有所谓的美德，正如人不可能用善良的态度对待上帝一样。

① 指阿利格里·但丁(1265—1321)的《神曲》，它由三部分组成，即《地狱篇》、《炼狱篇》和《天堂篇》。——俄译本注

49 硬说人类是创造活动的目的和荣誉，是极其荒谬的

人的骄傲感使他自命是他的上帝所创造的宇宙的目的和荣誉。如此高傲的信念究竟有什么根据呢？我们听说，根据在于人是唯一富有理性的生物，这种理性使他能够认识神灵和当然地赞美上帝。人们硬要我们相信，上帝创造了世界只是为了自己的光荣，在宇宙的总计划中，人应当作为一种天生就有崇拜上帝和赞美其创造活动的能力的生物而占住一个位置。但是，如果根据这种情况，上帝难道不是显然不能达到自己的目的么？第一，因为在同一些神学家看来，人绝对没有能力认识上帝，人对上帝的本质永远会停留在完全的和不可克服的无知状态中。第二，因为一种存在物如果没有自己的同类，就不可能有赞美的需要，其原因在于光荣是一种把一个存在物的性质和同类存在物的性质加以比较的结果。第三，因为如果上帝是无限幸福的和独立存在的，它就不需要它的可怜的创造物的崇拜。第四，因为上帝的事业尽管非常伟大，还是没有人会去赞美它。反之，世界上所有的宗教都告诉我们说，上帝经常受到侮辱；一切宗教都认为自己的目的只在于使犯罪的、忘恩负义的和叛乱的人顺从对他们生气的上帝。

50 上帝既不是为人创造的，人也不是为上帝创造的

如果上帝是无限的，则人之需要上帝正如蚂蚁之需要人一样。把窝筑在任何一个花园里的蚂蚁未必会想到议论园丁和研究他的意图、欲望和计划是粗鲁无礼的行为。比方：蚂蚁是否有权肯定地

说，凡尔赛花园[①]只是为它们培植的，而徒骛虚名和挥霍无度的国王的唯一目的，就是替蚂蚁建立一座豪华的住宅呢？但是，神学家认为，人之于上帝比丑陋的昆虫之于人本身更加微不足道。所以，专门从事于研究神灵的属性和意图的神学，因之就会变成极其荒谬的东西。

51　说宇宙的目的在于人的幸福，是不正确的

人们肯定地说，上帝创造宇宙时的唯一目的就是人的幸福。但是，在这个仅仅为他而创造的和由万能的上帝治理的世界上，人果真幸福么？他的幸福是不是可靠呢？他的快乐没有混进痛苦么？世间有多少人满意自己的命运呢？人类不是经常受到各种肉体的和精神的痛苦么？不是有成千上万的原因在破坏被认为是神灵劳动的杰作的这部辉煌的人体机器么？我们会不会称赞给我们一部虽然巧夺天工却往往受到损坏而终于自趋崩溃的机器的机械匠师的工作呢？

52　所谓天意乃是一个毫无意义的名词

所谓天意是指神灵为了满足自己最喜爱的创造物的需要和关心他们的幸福而表现的那种善意的关怀。但是，并不要费很大的气力就可以相信上帝对任何东西都不关心。天意对地上的绝大部分居民完全是无动于衷的。我们记得除了一小撮自认为幸福的人

① 凡尔赛花园，17 世纪在凡尔赛（距巴黎 17 公里）王宫（17—18 世纪法国国王的府邸）附近开辟的、著名的大小特里亚农公园。——俄译本注

以外，多少不幸的群众呻吟在穷困和痛苦的压迫之下。

我们看到：为了满足少数贪得无厌然而实际上并不比受他们压迫的奴隶更幸福的暴君的奇怪愿望，一大批一大批的民族为着一块面包而怎样地互相争夺！

神学家们极口吹嘘上天的神恩，叫我们一心指靠这种天意，一旦出现任何一种意外的灾变他们就宣传说，人虽然是完全自觉的，也不过是天意手上的玩具，因为天意可以推翻人的全部计划，侮弄人的一切努力，而大智大慧的上帝认为使人离开理性的正路是一种乐事！但既然如此，为什么要相信那个嘲弄人并且使人变成娱乐和玩弄的对象的阴险的天意呢？既然我不了解神灵的行为，怎么能够要求我赞美神灵最高智慧的不可预知的道路呢？有人告诉我，我应当根据天意的产物来判断天意，——可是我正是这样做的，因此我发现，这些产物有时对我是需要的和有益的，而最经常的情况则是有害的。

神学家们企图证明天意是存在的，他们肯定地说，任何人在这个世界上都可以看到幸福多于悲伤。但是，即使接受如果天意给我们一百项神恩我们总共只得到十件灾祸的说法，在那种情况下，我们还是要承认，天意每做一百件好事就得做十件坏事。

这是否同所谓天意无限的完善性相容呢？

一切神学书籍都充满着对天意和它关怀人的阿谀的赞词；可能以为人在世间不需要自己关心自己的幸福。但是，没有劳动人一天也活不下去。我们看到，为了生活人必须不倦地、汗流满面地耕耘土地、打猎、捕鱼；没有这些生活资料，天意就无法满足人的任何一种需要。无论我们往哪里看，全世界的野蛮人和文明人一样对天意进行着不断的斗争，因为人不得不击退天意给予他的各种打击：飓风、暴雨、严寒、冰雹、洪水、干旱和常使人的全部劳动化为乌有的形形色色的灾难。一句话，我看到，人类不断地设法使自己避免所谓关怀人的幸福的天意的恶作剧。

有一个虔信者曾经赞美神灵的天意，因为这天意如此聪明地把所有的河流正是安放在人们建筑城市的地方。不能不承认，这个人的议论并不比许许多多有学之士的信念更有道理，这些学者反复不断地对我们谈论终极原因，或者认为他们已经完全了解上帝在创造世界上的一切存在物时的善良意图。

53 所谓天意竭力破坏，而不是支持现存的世界秩序；它非常仇视人，而不是同人友好

我们是否看见神灵的天意在保存那些所谓上帝的惊人的创造物方面有多少明显的表现呢？如果天意统治世界，那么，它既忙于破坏，又忙于创造，既忙于消灭，又忙于复生。难道天意不是时时刻刻都在使它仿佛不断地关心其生存和幸福的、成千的人丧生么？天命往往给自己最喜爱的创造物以种种打击。它时而破坏他的住宅；它时而毁灭他的庄稼；它时而降下旱灾，使他陷于贫困；它动员一切自然力量来同人作对；最后，它使一个人武装起来反对全体人类；而它完成这一切善行的主要目的是使人在最残酷的痛苦中毙命。是否可以把这一切都叫做关心于保存世界秩序呢？

如果不是心怀成见地看待天意对人类和一切生物的关系上的相反的两种作用，我们就会相信，天意不仅不像温柔的和关心入微

的母亲，而倒像那些淫乱的女人：她们忘记自己不道德的享受的不幸果实，一旦这些果实在世间出现，她们立即让命运去任意摆布自己这些儿女，而以生产他们为满足。

据说，被许多文明民族当作野蛮人看待的果天托特人*却表现出无比伟大的智慧：他们拒绝崇拜上帝，并且提出这样的理由：如果上帝是经常行善，它也是同样经常地作恶。有些人则顽固地相信上帝只是仁慈的，有智慧和预见的，而不愿注意遍布世界且系他们以赞美和感激的心情亲吻着的那只手所造成的无数暴行。果天托特人的那种看法比这些人的信念难道不是更加合理，更加和我们的经验一致么？

54　不，世界不是由有理性的存在物治理的！

健全思想的逻辑教导我们说，我们应当根据某一原因的结果判断这种原因。只有在原因的结果始终是好的，有益的和惬意的那种场合下，才能承认这种原因是永远不变的善。其结果或善或恶的那个原因，在一种场合下可以承认是善，在另一种场合下则是恶。神学的逻辑否认这些命题。按照这种神学的逻辑，各种自然现象以及我们在这个世界中所看到的一切事物，都证明着无限善的泉源或原因是存在的；这原因就是上帝。虽然世界上充满着恶，虽然世界上经常到处都是纷争和混乱，虽然人们时刻都在呻吟叹息和抱怨压在他们头上的命运，我们应当相信这一切都是某个善良的和不变的原因的结果；而人们也都相信这点，或者装作相信的样子！

---

* 果天托特人，西南非洲的民族之一。——译者注

世界上发生的一切事变，十分明显地向我们证明：世界不是由有理性的存在物治理的。我们只有根据某种存在物所采取的手段有多少适应于被提出来的目的，才能判断这种存在物是否具有理性。所以，据说上帝的目的是人类的幸福；但是一切有生命的存在物都服从千篇一律的必然性——他们生下来是为了受很多的痛苦，享很少的快乐，然后死去。人的一生充满着愉快和悲哀；除善以外，我们到处都看到恶；秩序和纷争互相交替；创造之后跟着就是破坏。如果有人对我们说，天意对我们是秘密，神的道路是不可理解的，我就回答说，在这种场合下，我便没有能力判断上帝是否具有理性。

55 不能承认上帝是不变的

你们硬说，上帝是不变的！但是，在这个仿佛是上帝控制的世界上为什么会到处存在永恒的变易性呢？地球上是否有任何一个国家像上帝控制的世界一样如此频繁地发生残酷的革命和政变呢？自然界的一切事物经常都在变化和转化，是否能够认为不变的和有足够力量可以巩固和永远保存其创造物的上帝会成为自然界的主人和统治者呢？如果在所有对人类有利的现象和结果中我能够看出不变的上帝，那么对于人类在其压迫下遭受痛苦的全部无法计数的灾难，我又应当假定怎样的上帝呢？你们说，我们的罪过驱使上帝惩罚人们；我要答复你们，你们自相矛盾了，如果人的罪过可以使上帝在对人的态度上改变自己的行为，上帝就不是不变的。经常由愤怒和生气的状态过渡到安宁和平静的状态的存在物会不会是不变的呢？

56　善和恶是各种自然原因的必然结果。不能在因果性规律中改变任何东西的上帝就不是上帝

宇宙只能是什么样子，它就是什么样子。居住在宇宙中的一切生物都有快乐和痛苦，这就是说，他们轮流地时而感受到愉快的结果，时而感受到不愉快的结果。这些结果是不可避免的；它们是从按其本质而活动的原因中必然产生的。我可能喜欢这些原因的结果，也可能不喜欢这些结果，这必须视我自己的本性而定。我自己的本性使我不得不避免和拒绝一些结果，与之作斗争，并且寻找、希望和力求得到另一些结果。除了命运或人格化的必然性之外，是否可以有别的某个上帝在管理那个使一切事物都服从必然性规律的世界呢？而这也就是那个对什么都不闻不问的上帝，这上帝对于世界的各种规律什么都不能改变，它自己也服从这些规律。如果一种存在物连略微改善一下我的生活都不太愿意，它的无限的力量同我有什么关系呢？一种存在物如果对我的幸福无动于衷，它的无限的仁慈又在哪里呢？如果一种存在物能够为我想象出无限的幸福，但是甚至不关心我的切身利益，它的善意是不是我需要的呢？

57　宗教答应在别的世界上给人的尘世灾难以补偿的诺言是骗人的。天堂和来世生活都是幻想

当我们问为什么有善良的上帝存在还有这样多不幸的人时，

人们就安慰我们说，我们的生活只是人进入另一个安乐世界的一个过渡阶段；人们硬要我们相信，我们所居住的这个地球只是暂时受磨难的地方，在这里我们应当通过一定的考验；最后，人们用来封我们的嘴的理由就是：上帝不会使自己的创造物过着唯独它自己才享受到的没有情欲的和无限快乐的生活。难道这样的答复可以令人满意么？第一，只有这样一种人的想象，才会让我们相信另一种生活的存在：这种人之所以假定另一种生活的存在，只是说明他希望不死，只是说明他热烈地追求更可靠更安逸的幸福生活。第二，是否可以设想，全知的上帝虽然确切知道自己创造物的一切动机和欲望，但是还必须使他们接受这样多的考验才能确信这些创造物的意向呢？第三，根据我们的年代学者[①]的估算，地球已经存在六七千年了；在整整这段时期中，各民族都经历了各式各样的不幸和灾难；历史告诉我们，在一切时代，暴君和掠夺者、英雄和战争、洪水和歉收、瘟疫以及其他等等使人类遭受了怎样的痛苦和不幸。难道这种长期考验会使我们相信神灵玄秘的天命么？所有这些源源不断的痛苦是不是会使我们对人类面临的未来命运有丝毫值得慰藉的观念呢？第四，即使上帝真像神学家们坚决认定的那样善良，难道它不奢谈无限的快乐就不能把凡人能够领受的任何一小点幸福给予人们么？天堂的某种极乐生活是不是我们的幸福所需要的呢？第五，如果上帝不能使人们在地上获得更多的幸福，我们怎么可以指靠天堂呢？在那里似乎特选者们会永远享受某种

① 年代学者——人们这样称呼研究历史事件时间的学者。霍尔巴赫这里是指企图赋予圣经传说以符合事实的外貌的神学家们任意做出的计算。——俄译本注

无法表达的快乐。如果上帝不能也不愿使地球——我们唯一的居留地——摆脱恶，我们有什么根据可以期望，上帝愿意在我们丝毫不了解的另一世界上使我们摆脱恶呢？

两千年以前，据拉克坦修[①]证明，伊壁鸠鲁[②]曾经说过："或者上帝愿意反对恶，但它不会成功；或者它能够做到这点，但是不愿意；或者它既不愿意也不可能；最后，或者它既愿意又可能。如果它愿意而不可能，则它是无能的；如果它能够而不愿意，则它就表现出自己不应当有的阴险性；如果它既不愿意又不可能，则它同时就是无能的和阴险的，所以它就不是上帝；如果它既愿意又可能，然则恶是从哪里来的呢？同时为什么上帝不防止恶呢？"请看，两千年前就有思想家在寻找这个问题的正确答案，而我们的神学家却断定，只有在未来的生活中我们才会对所有这些问题作出回答。

58 还有一个同样妄诞的虚构

我们听人谈到各种存在物的某种等级；据说，上帝把自己的创造物安排在各种不同的阶级或等级上，同时，和这种安排相适应，每种存在物都得到一定程度的快乐。根据这个十分妄诞的虚构，

---

① 拉克坦修——教会作家、"教父"之一，生活在四世纪。——俄译本注

② 伊壁鸠鲁（公元前341—270），古希腊唯物主义哲学家和无神论者。马克思称他为古代激进的启蒙思想家。德谟克利特原子论的继承者，伊壁鸠鲁承认固有运动的物质的永恒性；他否定灵魂不死和来世生活的信仰，而用人们的无知老解释上的信仰。伊壁鸠鲁的数量众多的著作没有传到我们手上。关于他的观点，我们主要是根据他的罗马拥护者和后继者卡鲁斯·卢克莱修（公元前99—55年）所写的著名诗作《物性论》来判断的。对包括18世纪法国唯物主义者在内的先进思想家有吸引力的伊壁鸠鲁学说，直到现在都受到僧侣主义的敌视。——俄译本注

一切存在物，从蜗牛到天使，都享有它们可以得到的幸福。但是我们的经验彻底驳斥了这种毫无根据的幻想。我们看到，在我们所居住的世界上，一切生物都在受苦和生活在无穷的危险中。人如果不伤害，不折磨，不毁灭他所遇到的无数生命，他就寸步难行；而同时人自己每时每刻也会遭到无数威胁其生命的已经预见到或者没有预见到的灾难。难道任何一个死亡的想法不足以破坏人的最安详的幸福么？人的整个一生都含辛茹苦；他为了求得他如此珍重并且视为神的最大恩赐的生存，片刻也不能安宁。

59　神学徒然企图使上帝不具有人的各种缺点，而上帝之为不自由的存在物或凶恶的存在物则是必然的

有人对我们说，世界具有它只能具有的那全部完善性，然而，因为世界和创造世界的神灵不构成一个统一的整体，世界就必然具有很多优点和同样多的缺点。我们回答说，如果世界必然要具有很多缺点，则干脆不创造上帝不能保障全面幸福的这种世界，就会更符合全善的上帝的本质得多。如果上帝像神学家们所确信的那样，在创造世界以前身居极乐，万世不衰，并且如果上帝不创造世界也能继续享受这种快乐，则它值得去劳心劳力么？为什么它需要叫人受苦呢？为什么它需要有人存在呢？人的命运和上帝有什么相干呢？人的命运对上帝还是有某种意义还是根本没有任何意义呢？如果人的存在对上帝没有必要，也没有用处，为什么要从不存在中把人创造出来呢？而如果人的存在是神的光荣所必需的，那就是说，人是上帝所需要的，因此，当地球上还没有出现人的

时候，上帝就缺少了一件东西！可以原谅粗枝大叶的或手艺不高的劳动者生产的劣质产品，因为不管怎么样，他总是为了不死于饥饿而被迫工作的；他的疏忽可以宽恕；上帝的疏忽则不能原谅。人们对我们说，上帝是自满自足的；既然如此，为什么它创造了人呢？其次，人们对我们说，上帝拥有一切条件可以使人幸福，然则为什么它不这样做呢？神学家们应该必然地承认，他们的上帝不仅不是善良的，还是十分阴险的，除非假定上帝不得不只做它曾经做过的事情，并且没有可能用另一种方式去做任何事情。但是人们硬要我们确信，上帝是自由的；他们又硬要我们相信，它是不变的；但是它的威力的表现是暂时的，它有始点，也有终点，正如我们世界上一切有死的和短暂的存在物一样。神学家啊！你们使上帝不具有人类各种缺点的全部努力终究是白费气力的，在你们所有的诡辩和花招后面，仍然可以看出这个上帝有许多属于人类的东西。

60　要相信神灵的天意，要相信无限善良和力量无穷的上帝是不可能的

“上帝没有权利控制自己的恩典么？它不是自己善行的主宰者么？它没有权利收回自己的赠品么？神灵的创造物不应当要求上帝解释自己的行为；上帝能够自由地处置自己亲手创造的事物。上帝这个人类的绝对统治者，可以随心所欲地使人类幸福或者不幸。”这就是神学家们就上帝注定使我们遭受的一切苦难而安慰我们的说法。我们可以回答他们说，无限善良无限仁慈的上帝不应当成为任意处置自己恩典的主宰者，从上帝的本质说来，它应当毫

无例外地造福于自己的全部创造物;我们要指出,真正善良的存在物不会认为自己有权节制善行;我们要说,真正慷慨的存在物绝对不会收回自己的赠品,凡是这样做的人都没有权利接受感谢,也无权抱怨不知感恩。

究竟怎样使神学家们妄加在上帝身上的这种专断行为同要求上帝和人之间达成某种契约或相互的义务的宗教调和起来呢?如果上帝对自己的创造物没有任何义务,则人们反过来对上帝也就没有任何义务。任何宗教都是在人们有权希望从上帝那里得到的那些福利的基础上建立起来的。据说,似乎上帝告诉人们:“要爱我,崇拜我,服从我,这样我就会使你们幸福。”反过来,人们则告诉上帝:“让我们幸福吧,那时我们就会履行自己的义务,我们就会爱你,崇拜你,并且遵守自己的法规。”由是观之,一旦上帝藐视自己创造物的幸福,随心所欲地滥用恩典和赏赐,收回自己的赠品,它就明显地破坏着作为一切宗教基础的双边协定。

西塞罗[1]正确地认为,如果上帝不满足人的愿望,它就不能成为人的上帝。[2] 神灵的本质在于善;人只是根据他所获得的那些利益来认识这种善;一旦人变成不幸的,善在人看来就不再存在,与此同时,神灵也不再存在了。无限的仁慈和善良是同偏私和主观好恶对立的。如果上帝无限善良,它就应当使自己的全

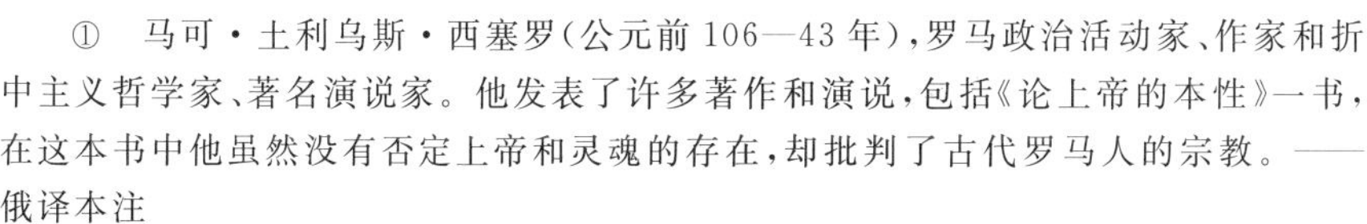

[1] 马可·土利乌斯·西塞罗(公元前106—43年),罗马政治活动家、作家和折中主义哲学家、著名演说家。他发表了许多著作和演说,包括《论上帝的本性》一书,在这本书中他虽然没有否定上帝和灵魂的存在,却批判了古代罗马人的宗教。——俄译本注

[2] Nisi deus homini placuerit, deus non erit. ——著者注

部创造物都有幸福；有一个不幸福，就足以使人有权推翻上帝无限善良的说法。如果存在着无限善良和绝对强大的上帝，是否可以设想有任何一个受苦的人呢？任何一个动物的痛苦，任何一个昆虫的痛苦，都是反对神的天意的存在和神的无限仁慈的充分的论据。

61 续

神学家们坚决地认为，我们在尘世受苦难乃是一种惩罚，因为人们有罪孽，所以应当受到惩罚。但是人们为什么会犯罪呢？如果上帝是万能的，则叫世界上到处充满和谐，叫神灵的一切创造物都变成善良的、完美的和幸福的，对上帝又值几何呢？难道命令这一切比说世界将会如此更困难么？难道上帝使自己的创造物变得不完善，比变得完善更容易么？莫非一切事物的不存在和这些事物的充满智慧和愉快的存在之间的距离比一切事物的不存在和这些事物的毫无意义的和困苦的存在之间的距离更大么？

宗教向我们谈到地狱，谈到冥世，在那里，上帝无视于善良，为绝大部分人准备了无穷的痛苦。总之，宗教使人们在这个世界上陷于极端的不幸，它同时预言，上帝可以使他们在另一个世界上遭受更大的灾难！为了不同神灵的仁慈发生冲突，神学家们肯定地说，在这种情况下，神灵的正义裁判就开始起作用。但是一种变得如此可怕的残酷的善，就不能是无限的善！其次，既然无限善良的上帝后来变得无限的残酷，则是否可以认为上帝是不变的存在物呢？如果上帝秉性残暴，冷酷无情，是否可以在上帝身上找到任何一点点慈悲善良的心呢？

62 神学使上帝成为骇人听闻的狂妄、不义、阴险和残酷的化身,成为一种引起极大仇恨的存在物

如果相信神学家们的话,神灵的正义裁判乃是一种能够使我们热爱上帝的东西!但是按照他们的学说,上帝之所以创造了绝大多数人显然只是为了注定使他们永远受苦。然则只创造沙草木石,而不创造有生命的事物,不创造人这个其实际行为能够招致他在另一世界上受到无穷惩罚的生物,岂不更加符合神灵的善良、理性和公正么?上帝原来是极端不顾信义和阴险毒辣的,所以才创造第一个人,然后又勾引他去犯罪,不能把这样的上帝看成是完善的东西,而应当把它称为狂妄的、无义的、阴险的和残酷的恶魔。神学家们不仅没有成功地创造出一个完善的上帝,反而使上帝变成了一切东西中最不完善的东西。

神学家们笔下的上帝,是可以和这样的暴君媲美的:他命令将其绝大多数奴隶的眼睛挖掉,并且把这些奴隶全部关进监狱,而为了寻开心,他亲自暗中监视他们,其唯一目的就在于残酷地惩罚凡是由于盲目而碰到其他盲者的人;同时,这个暴君还慷慨地奖励少数的奴隶,因为他替这些奴隶保留了视觉,因此这些奴隶得以不和自己的同伙碰撞。所谓天命无常的教条,只能使我们得到这样的上帝观念!

虽然人们反复不断地谈到神灵无限的仁慈,但是他们的本心显然是不会相信这一点的。如果对一种存在物毫无认识,怎么能够爱这种存在物呢?如果神灵的形象只能引起恐惧和惊慌,怎么

能够爱这种神灵呢？如果对一种存在物所说的一切只能引起极大的仇恨，怎么能够爱这种存在物呢？

63　一切宗教都力图激起对神灵的畏缩和恐惧心理

许多人都不善于找出迷信和真正的宗教信仰之间的分界线：他们说，迷信只是一种胆怯的和卑劣的对上帝的恐惧心理；真正信仰宗教的人是信上帝的，并且衷心爱它，但是迷信者则只认为上帝是仇敌，丝毫也不信任它，并且设想上帝是一个严峻残酷、吝赏滥刑的暴君。其实，一切宗教给予我们的上帝表象难道不正是这些看法么？难道人们向我们说上帝无限善良的时候，不是同时不断地反复说，上帝的脾气极端暴躁，它只对极少数人才滥用恩典，而残酷地惩罚所有它认为不值得宽恕的人么？

64　在宗教和最盲目最无知的偏见之间没有任何实在的区别

如果我们根据所有这些认识像观察善恶不分的自然界中的一切现象那样来观察上帝，则我们必然会发现，这种上帝是古怪的和无常的，它时而善良，时而残酷，视我们是否幸运而定；也正因为如此，这种上帝不能使我们爱它，只能引起我们对它的不信任、恐惧和担心。所以说，崇拜这种上帝和最盲目最无知的偏见之间没有任何区别。如果信仰宗教的人仅仅看到上帝的好的一面，则迷信者就只记住它的最可恶的属性。一种人陶醉于自己的狂妄，另一种人则陷入忧郁和烦恼；但是这两种人都是同样的荒唐。

65 如果相信神学的上帝观念，就不可能爱上帝

根据我从神学中能够得到的上帝观念，上帝在我看来就是一种不能使人爱戴的存在物。虔信者硬要我们相信他们衷心热爱上帝，这些虔信者或者是撒谎的人，或者是极狂妄的人，对上帝那些只能引起惊慌和恐惧的一切特性和行为熟视无睹。既然上帝生性残酷，能够使我们必然遭受永世的诅咒，对这样的上帝怎么可以没有畏惧呢？

对上帝也谈不上儿子般的畏惧，即人们在上帝面前理应感到的、由于敬爱而引起的畏惧。如果父亲居然使儿子受到最难堪的折磨，为了最小的过错就惩罚他，则任何儿子都不会爱这样的父亲。世间没有一个人会有丝毫爱上帝的感情，因为上帝注定要使全部创造物中百分之九十九遭受永世的和无法忍受的痛苦。

66 神学家虚构了一种永世的地狱苦难的教条，从而把上帝变成了令人痛恨的存在物，这种存在物的残酷性超过任何人，甚至最凶恶的人也无法和它相比；他们创造了一个乖戾的、以残酷为乐事的暴君

发明永世的地狱苦难这个教条的人们把上帝变成了一种最可恨的东西，但是他们同时又肯定地认为，这个东西是无限善良的。我们认为人们的残酷性是凶恶的最高表现；世界上任何一个稍有感情的人，即使听到最大的凶手和罪犯受到的那些苦难故事，也不能不震惊和激动；无过受罚的残酷行为当然会更加令人痛恨。即

使嗜杀成性的暴君们——如卡利古拉[①]辈、尼禄[②]辈、多米齐安[③]辈——也还有某些理由才折磨手下的牺牲者和毒辣地讥笑他们的痛苦;他们其所以要这样做不是出于本身安危的考虑,就是因为渴望报复,或者是希望用残酷手段儆戒其他的人,也许甚至还是由于虚荣心作祟,想炫耀一下自己的权威和满足渴望看热闹的群众的趣味。在这些动机中又有哪 一条适用于上帝呢?上帝使那些激怒它的人们遭受痛苦,它惩罚丝毫不能动摇其威力,也丝毫不能破坏其安静的快乐的那些存在物。另一方面,来世的苦难并不能成为在生者的龟鉴,因为这是他们看不到的,地狱的苦难对于罪犯本身来说也是不起作用的,因为他们在地狱里已经不能改过迁善,因为他们已经放过了及时博得神灵恩顾的机会。由此可知,上帝在执行其永久惩罚的判决时,除了逗弄和嘲笑其可怜的创造物以外,没有任何其他的目的。

我以全体人类为证。世间是不是有一个最残酷的人,可以无缘无故就冷酷无情地折磨任何生物呢?更不用说去折磨自己的同类了。何况他对牺牲者既不感到任何兴趣,也没有任何担心呢?由是观之,根据同一神学的教条可以得出:上帝是一种较诸最凶恶

① 盖约·恺撒·卡利古拉,罗马皇帝(公元37—41年)。特点是极其残酷和恣意妄为,他要求自己得到上帝般的尊敬。为了败坏共和政体残余设施的威信,他把自己的马牵进元老院,并在那里宣布他进位执政官。被禁卫军阴谋分子——皇帝警卫队士兵所杀。——俄译本注

② 克拉弗迪·尼禄,罗马皇帝(公元54—68年)。以异常残酷著称,比如弑母杀妻,他被罗马军团士兵们所推翻,随后令其自杀。——俄译本注

③ 梯特·弗拉维·多米齐安,罗马皇帝(公元81—96)。特点是多疑和专制,为阴谋分子所杀。——俄译本注

的人更加残酷无比的存在物。

或许人们会对我说，无穷的侮辱当受无穷的惩罚。我要回答说，侮辱永世身居极乐的上帝是不可能的；其次，我要说，有死的存在物给予的侮辱不能永远持续下去；而且不愿意受人侮辱的上帝也不会允许人们给它的欺负永远继续下去；我要说，无限善良的上帝不能同时又是无限残酷的，它绝不能注定使自己的创造物永远存在，以便达到永远折磨他们的唯一目的，并以此为乐。

只有最野蛮的残忍性格，最卑鄙的贪财心理，最盲目的虚荣观念，才能孕育出永恒的地狱苦难这一教条。如果真有能够加以侮辱和唾骂的上帝，世间亵渎神灵的人，不会比说上帝是永远以无谓地折磨自己弱小的创造物为乐事的、荒淫腐化的暴君的人更多。

67　神学只是一连串明显的矛盾

据说，人的行为能够侮辱上帝，这就无异于取消神学家企图使我们接受的那一切上帝观念。说人可以破坏神灵的世界秩序，使自己的上帝生气，打乱上帝的计划和意图，——这就无异于说，人比上帝更强大，人可以控制上帝的意志，无异于说，人可以影响神灵的仁慈而使仁慈变为残酷。神学的专门任务只在于右手破坏左手做的事。如果所有的宗教教条都建立在时而生气时而爱抚的上帝的基础上，则这些教条的基础显然是一种明显的矛盾。

所有的宗教一致赞美上帝的智慧和威力；但是只要这些宗教开始说明上帝的行为，我们就会遇到不明智、没有远见、软弱无能和轻率的特点。人们说，上帝曾经为自己创造了世界，但是它迄今都未能使自己受到应有的尊敬！似乎上帝创造出人是为了在它统治的世界上住满对它极力赞扬的臣民；但是我们看到，人们的唯一行动，就是不断地举行反对自己上帝的起义！

68 所谓神灵的创造物一点也不能说明所谓神灵的完善性

人们反复不断地向我们谈到上帝的完善性，只要我们要求证据，他们就把神灵亲手创造的事物指给我们看，仿佛这种完善性就明显地体现在这些创造物身上。但是所有这些创造物都是不完善的和寿命不长的；向来都被看成上帝的杰作、最惊人的创造物的人，满身都是缺点，这些缺点使得创造人的万能的巨匠对他很是生气；这个惊人的创造物有时会变成使创造者本身无法忍受和讨厌的东西，最后创造者也不得不把它丢进火里。但是，如果在上帝所创造的一切事物中连最好的东西都是不完善的，则我们有什么根据可以判定造物主本身的完善性呢？巨匠本人都不满意的作品，未必能够使我们称赞这巨匠的技艺。人忍受着无穷的痛苦和无数的疾病；人的灵魂充满着各种恶念；可是有人却极端气愤地反复对我们说，人是一切存在物中最完善的存在物，人是神灵全部创作中最美妙的创作！

69 神灵的完善性也不能从像天使和无形体的精灵那样一些虚构的神灵创造物中明显地看出来

看来，上帝在创造比人更完善的存在物方面也没有获得更大的成功，它没有为自己的完善性提供更有说服力的证据。我们不是知道许多宗教都谈到天使、无形体的精灵怎样反抗自己的主人，甚至企图推翻它的宝座么？上帝有使天使和人得到幸福的意图，却不能把幸福给予他们；完善的创造者的意志总是同自己创造物的傲慢、阴险、罪过和恶德相撞。

70　宣传上帝万能的神学的唯一作用就在于暴露上帝的无能

任何宗教显然都是建立在谋事在人成事在天那种原则的基础上的。全世界的神学家都向我们叙述神灵和神灵创造物之间力量悬殊的斗争。尽管上帝是万能的，它绝对不能不失尊严地取得这场斗争的胜利；它不可能成功地使自己亲手创造的事物变成它所希望于他们的那个样子。

宗教之荒谬真是登峰造极，无以复加了，它硬说，为了改造人类，上帝自己甚至甘愿死去[①]；尽管上帝作了这种牺牲，人们依然一点也不像上帝希望他们变成那种样子的存在物！

71　所有的宗教体系都把上帝描绘成一切存在物中最任性最狂妄的存在物

不可能设想再有比地上一切宗教迫使上帝扮演的那种角色更加荒唐的事情了。如果可以相信这些宗教，那就得承认，它们的上帝是各种存在物中最任性最狂妄的存在物，那就得肯定认为上帝过去之创造世界，只是为了建立一个舞台，以便同自己的创造物进行极不光彩的战争，那就得肯定认为上帝过去之创造

① 指基督教。——俄译本注

天使、人、魔鬼、凶恶的精灵，只是为了把它们当作敌人，以便在和它们斗争时能够显示自己的威力。上帝使自己的创造物可以自由地侮辱它；上帝使它们变成阴险的存在物，以便它们可以破坏它的计划；上帝使它们具有顽梗固执的性格，——同时这一切都只是为了动辄生气，并以此为乐，然后平静下来，同它们妥协，以便改正它们所犯的全部罪恶。如果上帝一开始就使自己的创造物具有合乎自己心意的各种性格，它该要免掉多少麻烦啊！这无论如何总会使神学家多少容易对付些！

总之，如果相信世界上的一切宗教，上帝所从事的工作就只是使自己成为恶的原因；上帝的行为同某个弄伤自己以便有可能向观众展示自己油膏的功效的骗子手的行为真是如出一辙！但是我们迄今还不能看出，上帝能够彻底根除人们在上帝自己的允许下给上帝造成的那种恶。

72 硬说恶的根源不在上帝是极端荒谬的

上帝是万物的创造者，但同时，人们硬要我们相信，恶的根源不在上帝。然则根源在哪里呢？……在于人么？又是谁创造了人呢？是上帝！因此上帝也就创造了恶。如果它不把人造成我们今天所看见的这个样子，道德上的恶或罪就不会在世间存在了。所以说，只有上帝才应该对人的不道德行为负责。如果人有为恶和侮辱上帝的能力，那就是说，我们必须断定：上帝希望受侮辱；上帝创造人的预定目的，完全在于使人具有为恶的能力；否则人就会是一种同人得以存在的那个原因相反的结果。

73　妄加在上帝身上的预见，使得受到上帝惩罚的罪人有权责备上帝秉性残酷

说上帝有预见的能力，无异于说上帝应当预先知道世界上发生的一切事情；但是这种预见绝对不能使上帝成为可敬的，也不能使它不受人们完全合理地向它提出的那些谴责。要知道，如果上帝知道未来，难道它不能预见自己的创造物（创造出来为了享受快乐）会陷于罪孽么？如果这种陷于罪孽是上帝预先的计划，那就是说，上帝自己希望如此。如果神灵之预见陷于罪孽是必不可免的，当然可以得出结论说，上帝由于自己的公正性而不得不惩罚有罪的人。但是既然上帝有预见未来和预先决定未来的能力，难道它没有不给自己规定如此严峻的法律的自由么？难道上帝不能干脆不创造那些会迫使上帝不得不加以惩罚和根据后来颁布的法规而招致神灵惩罚自己的存在物么？但是上帝根据成为自己预见的基础的法规而预先决定人们是否幸福同上帝根据自己进行正义裁判以后所颁布的法规而预先决定人是否幸福，有什么分别呢？难道颁布这些法规的时间和情况能够对不幸者的命运有所改变么？难道在这两种场合下人们没有合法的权利抱怨上帝么？要知道上帝是能够不把人们从不存在中创造出来的，要知道上帝虽然预先知道正义裁判迟早会逼使自己惩罚人们，而终于还是创造了人们。

74　神学关于原罪和撒旦的胡诌是毫无根据的

你们说："人刚从造物主手上产生的时候是纯洁的、完美的和

善良的;后来他的本性就堕落了,因为有罪孽而受到惩罚。”但是要知道,如果人刚从造物主手上产生以后就能够犯罪,这就是说,他的本性那时就已经是不完善的了!为什么这个上帝同意人犯罪,同意他的本性走上邪路呢?既然上帝深知人非常软弱,经不起诱惑的考验,上帝为什么要去引诱他呢?为什么上帝创造了撒旦这个阴险的恶魔、这个诱惑者呢?为什么如此希望人类幸福的上帝不一劳永逸地把所有那些必然要同我们的幸福作对的恶魔消灭掉呢?或者更正确些说,为什么上帝创造了这些恶魔呢?——上帝本来应该要预见到这些恶魔会对人类产生可怕的影响,他们会战胜人类。最后,为什么世界上所有的宗教中恶始终以某种注定的原因取得对善和上帝的胜利呢?

75 无论撒旦或宗教都是为了僧侣阶级发财致富而虚构出来的

有个故事是讲一位意大利神甫的;他的厚道使他的善良的心灵获得光荣。但是这个人在传道的时候认为自己必须告诉自己的教徒群众,说他经过长期的思考,最后谢天谢地,才想出了一条使一切人都幸福的可靠办法。他说:“魔鬼之引诱人只是为了使自己在地狱里的同伴都成为不幸的;向掌管天堂和地狱锁钥的教皇祈求吧,请他率领全体信徒们祷告上帝,求上帝同魔鬼讲和,求上帝把自己的恩典和原有的职衔赐还给魔鬼吧;这样一定会使魔鬼停止其反人类的一切阴谋。”这位心肠善良的僧侣显然没有料到,在任何情况下魔鬼之为僧侣阶级所必需并不亚于上帝;神甫们从上帝与魔鬼之间的斗争中确实取得极其丰厚的利益,所以不会同意这两个敌人的讲和，因为他们的生存和他们的收入就是建立在这两个敌人单打一的斗争上的。如果不再引诱人们，如果人们不再犯罪，则僧侣和教会就没有存在的必要了。显然，摩尼教[①]是一切宗教的基本核心；但是为了使上帝不受处心阴险的谴责而想象出魔鬼来，这就令人信服地证明魔鬼的这个神圣对手是软弱无能的和愚蠢得事事失败的。

76　如果上帝不能使人的本性变成无罪的，它就没有权利因为人们的罪孽而惩罚他们

据说人的本性必然会堕落，上帝不能使人变成无罪的，因为唯独神灵才不可或缺地具有这种属性。但是如果上帝不能使人成为无罪的，则上帝为什么当真要创造这些人们呢？要知道他们的本性必然是变坏了，因此，他们同样必然会给上帝以侮辱。另一方面，就算上帝本身不能使人成为完美的，但是它究竟根据什么道理可以因为人们的罪孽而惩罚他们呢？显然，只是根据强权。强权者，暴力之谓也；而暴力则不是各种存在物中最公正的存在物所应有的。如果上帝因为人们没有神灵那样的完善性或者不能成为像上帝自己那样的神灵而惩罚他们，它就表现了最大的不公正。

难道上帝不能使人们具有他们本性所固有的任何一点完善性

① 摩尼教，3 世纪波斯产生的宗教学说，类似古波斯宗教祆教，也类似最初基督教团体中通行后来被教会作为异教否定的学说诺斯替教。摩尼教徒的学说中的基本问题是恶的起源问题，他们把恶解释成世界上善恶两极经常冲突的结果。摩尼教影响了基督教关于上帝和恶魔的斗争、关于天堂和地狱的二元论观念。霍尔巴赫谈到了摩尼教是“一切宗教的基本核心”时指的就是这个。——俄译本注

么？即使某些人是善良的和合乎上帝心意的，则上帝为什么不施恩于其他的人们，不把同一些性格给予全体人类呢？为什么坏人的数目大大超过好人的数目呢？为什么上帝每有一个朋友就会有一万个敌人呢？其实唯独上帝可以自由地决定使世界上尽住着好人。如果上帝的确在天国要求自己周围都是圣徒、特选者和终生都按照上帝的意志生活的人们，则当上帝的周围是全体人类，而所有的人还在创造的时候就具有达到永恒快乐所必需的各种品质时，上帝周围的人们该会多到怎样的程度呢？而他们又会多么可敬啊！最后，干脆不把人从不存在中创造出来，比从不存在中把一种充满各种缺点、起来反抗自己的创造者、并且经常冒着生命危险而滥用自由这个致命的赠品的存在物创造出来，不是更简单些么？

上帝不要创造人，而应当创造一些温柔和顺的天使。有人说，天使是自由的；有些天使犯了罪；但是毕竟不是所有的天使都滥用过自己的自由，也不是所有的天使都起来反抗自己的创造者。难道上帝不能只创造完美无疵的天使么？而且如果上帝创造过不会犯罪的天使，为什么上帝不能也创造绝不会利用上帝所给予的自由来作恶的无罪的人呢？如果神灵的特选者不能在天国犯罪，为什么上帝不能使人们在地上成为无罪的呢？

77 所谓上帝的行为对人说来始终应当是秘密，而且人没有权利批评和判断上帝，——这种论断是极其荒谬的

神学家们一有机会就反复地说，上帝和人之间有很大的距离，这种距离的必然结果是，上帝的行为对人说是一种秘密，而且我们

没有权利要求我们的统治者解释自己的行为。这样的说明令人满意么?如果,用同一些神学家的话说,这里所谈的是我永恒的快乐,难道我没有权利批评(哪怕是上帝自己的行为么)?要知道,全体人民之所以指靠上帝和服从它的意志,只是因为他们期望获得快乐!只是由于恐惧人们才对之屈服的暴君、不可能向它提出问题的统治者、谁也不能接近的君主,是不会受到有理性的存在物的崇拜的。如果上帝的行为对我说来是一种秘密,它同我就毫不相干。任何人都不可能称赞、崇拜、尊敬和模仿他无法理解而且往往只能引起他的愤怒的行为;人们也许只是要我们相信,似乎应当崇拜一切不可了解的东西和仅仅由于这种不可理解才妙不可言的东西。

神甫们啊!你们不断地要我们相信:天主的道路是不可预知的;上帝的道路不是我们的道路;上帝的思想不是我们的思想;埋怨我们根本不知道其原因和目的的、上帝的法规乃是狂妄的行为;只是因为我们不了解这些法规就说这些法规不公正,那是不理智的。但是,当你们这样说的时候,你们自己就取消了你们只预备用来说明我们无法理解的(像你们自己所确信的那样)天意的全部深刻的原则,这难道不是很明显的么?由是观之,你们自己到底还是了解上帝的法规、意图和道路的么?但是你们不敢肯定地这样说;而无论你们怎样思考过所有这些问题,你们对它们并不会比我们弄得更清楚。如果你们真的用某种神奇的方法认识了使我们啧啧称赞的神灵的预定,同时我们绝大多数人都认为所有这些计划和法规都是同公正的、善良的和理智的存在物不相称的,——则是否可以肯定认为,它们是不可理解的呢?如果你们像我们那样一无所知，你们就应当对所有那些衷心承认自己无知，并且认为在他不了解的事物中毫无神灵在焉的人采取比较宽容的态度。不要再念念不忘于你们毫不了解的那些信念；不要再为那些不可能有任何证明的幽灵和理论而互相屠杀；请向我们谈谈可以理解而且的确是人所需要的事物；不要再反复谈论天主的不可预知的道路，关于这些道路，你们不可能说出任何道理来，而且会步步都自相矛盾。

神学家们反复不断地向我们谈到神灵智慧的无比深刻性，却禁止我们去研究这些深刻的智慧。他们把我们用自己薄弱的理性来判断上帝的合理要求，称之为粗鲁无礼的行为。在他们看来，对我们这位神圣的统治者的任何批评都是犯罪的行动。这样一来，他们就刚好暴露出他们没有丝毫能力说明上帝的行为，而他们之所以赞美上帝的行为，只是因为他们自己无法把这些行为认识清楚。

78　把上帝称做正义的和仁慈的存在物是极其荒谬的，因为它不加区别地注定使好人和恶人、有罪者和无罪者都遭受痛苦；要求不幸的人从自己痛苦的造因者那里去寻找安慰，是绝顶荒谬的

通常都认为，人们的一切肉体痛苦乃是对他们的罪孽的一种惩罚。贫困、疾病、饥饿、战争、地震——所有这些，都是上帝用来惩罚坏人的手段。总之，神学家们毫不犹豫地把所有这些灾难统统妄加到虽然秉性严酷却是善良公正的上帝身上。但是

我们看到，同一些灾难怎样一视同仁地打击着好人和恶人、反对宗教者和笃信宗教者、无罪的人和有罪的人。我们怎么能够认为这一切都体现着一提到它的名字备受压迫的人就会感到安慰的那种存在物的正义裁判和仁慈呢？如果这些备受压迫的人忘记他们的上帝正是这个世界的全部创造物的唯一原因和来源，可以想象得到，他们的理性由于经历了各种灾难而变得糊涂了。他们怎么会不懂得，他们因以向上帝寻求安慰的所有那些灾祸正是来自上帝呢？不幸的父亲啊！当作为你的幸福所在的最心爱的妻室儿女死于非命的时候，你却向上帝寻求安慰！唉！难道你看不见你的上帝从你身边把他们夺走了么？正是你的上帝使你变成了不幸的人；而你却在上帝自己给予你的那些可怕的打击中期待上帝安慰你！

神学家们用离奇的和超自然的观念相当成功地剥夺了人们的理智，剥夺了他们对最简单的、最明显的和自然的事物的理解力，竟使不可能谴责上帝阴险毒辣的虔信者甚至习惯于认为最悲惨的命运波折不可辩驳地证明了神灵的仁慈。神学家们忧心忡忡地命令人们相信，上帝爱他们，上帝与他们同在，上帝在考验他们。于是宗教就顺利地把恶变成了善！一位诙谐家很机智地说过："如果全善的上帝这样对待它所爱的人，我恳请它最好不要想起我。"

如果人们自信最可怕的不幸、最痛苦的考验是神灵仁慈的表现，他们该把那号称全善的上帝设想得何等的严峻和残酷啊！任何穷凶极恶的妖魔鬼怪都没有为自己的仇敌设想出这么经常地使自己心爱的创造物遭受残酷考验的、全善的上帝所发明的那些折磨人的办法！

79 对自己本来能够预防的罪孽进行惩罚的上帝，是既失掉理智也失掉正义感的狂人

如果某个父亲经常关怀自己孤立无援的和举止轻浮的子女的健康和幸福，却让他们在没有照管的情况下徘徊于峭壁、深渊和急流之间，很少制止他们不合理的奇怪念头，不采取任何预防措施就让他们冒着残害自己的危险，玩弄能置人于死地的武器，对于这样的父亲我们有什么可说的呢？如果同一个父亲对自己子女的一切过失不是引为己咎，反而企图用最残酷的手段来惩罚他们，对于这样的父亲我们有什么可说的呢？我们有充分的理由把这样的父亲称做既没有正义感，也没有理智的狂人。

同样，如果上帝对自己本可预防的过失实行惩罚，则这上帝就会是一种失掉了理性、良心和正义感的存在物。如果上帝具有全知的才能，它就会预先不让恶发生，从而避免了惩罚的必要性。如果上帝创造了人，又如果上帝是公正的，则它就不能因为没有给这个人足够的力量可以抵制自己的愿望而惩罚他。硬说上帝甚至会由于人们在尘世上的过错而惩罚他们，岂不等于是诽谤上帝么？对上帝本来能够加以改造，而且如果失去这种神恩就不能有另一种行动方式的那些存在物实行惩罚，是否公正呢？

根据神学家们自己的种种原则，一个人处在像我们今天所看见的那种不道德的社会环境下，他就只能为恶，因为他没有神灵的天恩，所以不能为善。总之，如果放任自流的和失去神助的人类本性必然使人为非作恶，或者必然使他不能为善，则自由意志能有什么意义呢？根据这样一些原则，人既不能是有罪的，也不能是无罪的；

上帝奖励人只不过是奖励自己；上帝惩罚人，则是因为没有用自己的神恩启迪过他，而没有神恩人就不能变得比他现在更好一些。

80 自由意志是一种不现实的幻想

神学家们百般地重复说，人是自由的，虽然他们的全部原则都跟这种自由背道而驰。他们希望替神灵作辩护，实际上却在谴责它最恶毒的不义行为。他们认为，人没有神恩必然会为恶；同时，他们又肯定说，上帝之所以惩罚人是因为他拒绝接受它的神恩，所以也就拒绝了为善的可能！

不难理解，人的任何行为举止都是不自由的；不难理解，甚至根据神学家们的概念，人的自由意志也是一种纯粹的幻想。难道选择这些或那些父母由人决定么？难道人接受或不接受自己的父母或教育者的信念由他决定么？如果我的父母是偶像崇拜者或是回教徒，难道做一个基督教徒由我决定么？但是神学家们硬要我们相信，上帝会残酷无情地惩罚所有它没有用自己的神恩进行教育、从而不可能接受基督教的人！

人出生于什么环境是不由他选择的；也没有谁问过人，他是否愿意到人间来；大自然没有就选择祖国和父母向他征求过意见；他所获得的（正确的或错误的）信念、表象和意见只是他所受教育的必然结果，而受何种教育则不由他选择；他的情欲和欲望是他的性格的必然结果，而人的性格则是由人的本性和他所接受的信念决定的；人一生的欲望和行为都是由人不能自由选择的那些交往、习惯、职业、娱乐、言谈、思想所预先决定的，换言之，人一生的欲望和行为都是由他的意志不能自由改变的无数事件和偶然性预先决定

的。人没有能力对将来未卜先知，他既不知道在某个特定的时刻有什么欲望，也不知道下一分钟会做什么。人从生到死，没有哪一个瞬间是自由的。

你们会说，人有欲望的感觉，他能思考，进行选择，作出决定；你们又从此得出结论说，人是自由的。的确，人有欲望的感觉，但他不能成为自己的欲望或意志的主人；他不能希望或追求他认为不利于自己的东西；他不能爱受苦而恨享福。我们听说，人有时会宁愿放弃快乐而追求痛苦；但是在这种场合人之所以宁愿要暂时的痛苦是想借此获得更牢固更长久的快乐。由此可见，追求更多的幸福必然使他放弃较少的幸福。

然而恋爱的男子会使自己心爱的女郎具有使他心醉神迷的种种特征；就是说，他不能自由地爱或不爱自己情欲的对象；他既不能控制自己的想象，也不能控制自己的性格。由此显然应当得出结论说，人不能支配他内心所产生（完全不以人为转移）的各种欲望和意向。但是，你们会说，人可以克服自己的欲望；因此他是自由的。当使人厌恶某种对象的原因压倒使他追求这个对象的原因时，人就克服自己的欲望；在这种场合下他并且必然要克服自己的欲望。害怕丧失名誉或惩罚的痛苦胜过爱金钱的人，必然会同夺取他人的金钱的欲望进行斗争。

在思考的时候我们是否自由呢？然而难道我们可以自由地知道什么或者不知道什么，确信什么或者怀疑什么吗？思考是我们对我们行为的结果没有信心的必然产物。只要我们对这些结果有了信心，或者我们觉得，我们可以确信这些结果，我们立刻就必然会作出这个决定或那个决定；于是不管我们的决定是否正确，我们的行动仍然是以必然性为根据的。我们的——错误的或正确的——判断是不自由的；这些判断必然以我们从外部接受的或我们的悟性所产生的某些表象为转移。

人自己作选择时同样也是不自由的；他之选择他认为对自己有利或使自己愉快的东西是理所当然的。当他不作选择时，他还是不自由的；在人不认识或者以为自己不认识供他选择的某个对象的属性以前，或者在人没有斟酌自己行为的结果以前，他就不得不放弃选择。你们会说，人时刻都决定采取明知对他有害的行为；人有时也自杀；这就是说他是自由的。不对。难道人的推论正确与否是自由的么？难道他的理性、他的智慧不是依赖于他身上形成起来的信念，或者依赖于他的机体的性状么？而既然人的信念和机体都不能由人自主，所以这也不能成为人有自由意志的证明。

“如果我打赌做或不做某事，难道我不是自由的么？难道以某种方式行动不是由我决定么？”我回答说，不然，赌赢的快乐必然预先决定你们去实现这种或那种行为。“试问，要是我同意赌输呢？”——那就是说，向我证明你们有自由意志的欲望成了比赌赢的欲望更强烈的动机；在这种情况下，这个动机仍旧必不可免地预先决定着刚才说到的你们的某种行为。

你们说：“但是，我还是感到自己是自由的。”这是一种幻想，这种幻想正像寓言里那只苍蝇的信心一样，苍蝇坐在辕杆上，就自负是驾驶着马车。总之，凡是自认为自由的人，只不过是一只把自己设想成宇宙支配者的苍蝇，虽然苍蝇本身事实上完全服从于宇宙的规律，不过自己并不知道。

我们的内在信念使我们相信，我们自由地实现这种行为或那种行为，——但是这种信念是十足的幻想。如果我们能够用心探讨我们的行动的真实动机，我们就会相信，这些行动永远只是我们的欲望或情欲的必然结果，而这些欲望或情欲则绝对不能由我们自由控制。你们自以为是自由的，因为你们做的一切，都是你们所希望的。你们是否自由地希望或不希望，愿意或不愿意呢？你们的欲望和意向不是丝毫不由你们做主的各种事物或属性所引起的么？

81 从说过的话中不应当得出社会无权惩罚坏人的结论

“如果人的行为受必然性的制约，如果人是不自由的，则社会有什么权利可以惩罚给社会造成损害的坏人呢？对人们不能不实现的行为加以惩罚是否公正呢？”如果坏人必不可免地要做坏事，因为他们的本性就是恶的和坏的，则从社会方面说，对这些人进行惩罚，同样是根据必然性，因为社会力求自卫。某些事物必然产生痛苦；自然我们的本性就会驱使我们敌视这些事物，并且力求避免它们。老虎迫于饥饿向人猛扑过来，要吃掉他，这时人不能随心所欲地抑制自己的恐惧，他还同样必不可免地要设法杀死老虎。

82 对主张意志自由的各种论据的反驳

“如果在这个世界上一切都服从必然性规律，则人们的谬误、信念和表象同样是必不可免的；而在这种场合又有什么根据可以致力于人的改造呢？”人们的谬误是他们无知的必然结果，人的无知、他的固执、他的轻信，则是人没有经验、轻率和不愿意用脑筋的必然结果；正如说梦话或嗜眠症是某些疾病的必然结果一样。真理、经验、思考、理性——这就是一些能够医治无知、宗教狂和狂妄的有效药，正如放血可以医治充血病一样。你们会说，但是为什么真理没有对许多不理智的头脑发生影响呢？因为存在着无药可治的疾病；因为不可能医治拒绝服药的顽固派；因为人们的贪欲和愚蠢必不可免地驱使他们不承认真理。

任何原因都只有在没有其他更强大的原因对抗这原因的作用从而削弱甚至完全取消前一原因的作用的条件下，才会产生一定的结果。根本不可能迫使热衷于自己的谬误、对真理抱有成见、不愿意开动脑筋的人承认最令人信服的论据；必须说服有良心的、衷心追求真理的人，并且使他们从谬误中走出来。真理在于：一种原因如果没有其他更强大的原因和影响妨碍这原因发生作用就必然会产生结果。

83　续

人们对我们说："取消人的自由意志，人就会变成没有灵魂的机器，变成自动机；没有自由，无论人的美德或优点都是不可思议的。"然而什么是人的优点呢？人的优点表现在一定的行为中，这种行为应该使他受到他的同类的尊敬。什么是美德呢？这是造福他人的一种爱好。是否可以轻视能够产生如此理想的结果的机器或自动机呢？马可·奥理略[①]是罗马帝国这部庞大机器上的一根极其有益的弹簧。一部机器有什么理由要轻视帮助它工作的另一

① 马可·奥理略·安东尼，罗马皇帝（公元 161—180 年）和哲学家、斯多葛派杰出代表，他的学说影响了早期基督教的思想体系。——俄译本注

部机器呢？好人——这是机器的零件，他们帮助社会去追求幸福；坏人则是不合用的零件，他们妨碍社会机器的正常运转和工作。自然，社会热爱和奖励好人，同时也会痛恨、轻视和驱逐坏人，因为坏人是机器中无益而且有害的零件。

84 如果上帝曾经存在的话，甚至上帝本身也不是自由的；由此可见，不需要任何宗教

世界服从必然性规律，而遍布世界的一切存在物都是互相联系的，而且不能不像它们现在这样进行活动，因为它们为同一些原因所推动和具有同一些属性。如果它们失去这些属性，它们的活动必然会是另一种样子。

甚至上帝本身（姑且假定上帝存在）也不能看作是一种自由的力量；如果上帝存在过，它的行为必然会预先为它的本性所固有的各种属性所决定。所以没有任何东西可以控制上帝的意志或改变这种意志。根据这个原理，我们可以说，我们的任何活动，我们的任何祈祷或祭品都不能停止或改变上帝预定目的的实现；由此可以直接得出结论说，一切宗教都是完全没有益处的。

85 神学本身就证实，无论哪一个瞬刻人都不可能是自由的

如果神学家们不同自己的教条不断发生矛盾，他们就不能不承认，无论哪一分钟都不能认为人是自由的。难道没有假定人永远都要依赖于上帝么？如果没有上帝的意志我们就不能生活，就

不能维持自己的存在，或者说自己就会不存在，难道我们有权认为自己是自由的吗？如果上帝把人从不存在中产生出来，并且在人的整个一生中不断地关怀人，如果上帝一分钟也不会忘记自己的创造物，如果同人一起产生的万事万物都是神灵意志的结果，如果人本身没有任何能力，如果人所经历的一切事件都是神灵的法规的结果，如果人没有天赐的神恩就不能做成任何一件善事，如果这样，怎么可以假定在任何一个瞬间人可能是自由的呢？如果上帝无意于在人犯罪的那个时刻保存人的生命，人就不能犯罪。如果上帝毕竟保存人，那就是说，上帝强迫人存在的目的在于使人犯罪。

86　只能把一切恶、一切混乱、一切罪孽都归咎于上帝，因此，上帝既无权惩罚，也无权赦免

人们总是把上帝同君主比较，而将绝大多数人同起来反抗自己的统治者的臣民比较；同时大家都认为，上帝有权奖励继续忠于自己的臣民和惩罚暴动分子。这种比较从头到尾都是错误的。上帝所管理的机器的一切零件都是上帝自己创造的；一切零件都只遵照上帝自己预先为它们决定的职能而活动；因此，如果这些零件妨碍机器的正常运转，则过错就只在装配这部机器的匠师身上。上帝是这样一位君主，他自己为自己创造了臣民，并且创造了自己所喜欢的那种臣民，因为没有任何东西能够违抗上帝的意志。如果在上帝统治下的国家里有暴动分子，那就意味着上帝自己希望有这样的暴动分子。如果人的罪恶破坏神灵的世界秩序，那就意味着上帝自己希望破坏它。

没有任何人敢怀疑神灵的公正性。但是在上帝统治的世界上，我们只会遇到不公正的和暴力的行为。一切民族的命运都是由强力决定的；可以认为，公正性从地球上被驱走了；处处都有一小撮人安然无恙地过着舒适的生活，拥有财产、自由和其他一切人的生命。在据说无限热爱和谐和秩序的上帝所管理的世界上，到处都是一片乌七八糟的景象。

87 人们赞扬上帝的祈祷词，证明他们不满意神灵的世界秩序

虽然人们不断地称赞上帝的智慧、仁慈和公正以及神灵的世界秩序，实际上他们任何时候都不曾满意过；人们不断地赞扬上帝的祈祷词，证明他们丝毫不满意于神灵的天命。难道向上帝请求什么，不是意味着怀疑上帝的始终不倦的关怀么？难道祷告上帝和请求上帝预防或停止某种恶，不是意味着干涉上帝的正义裁判么？祈求上帝援助不幸，不是意味着向不幸的造因者请求改变并不符合我们的利益的天意么？

凡是乐观主义者，凡是肯定认为这个世界上的一切全都美好并且不断宣称我们生活在最好的世界上[①]的人，如果希望贯彻始终，就不应当祈祷；其次，他也不应当向往另一个世界，说人在那里

① 暗指德国哲学家莱布尼茨（1646—1718）关于“先定和谐”的唯心主义学说。在这种学说看来，“最高单子”（即上帝）预先在莱布尼茨认为构成事物世界的种类无限的单子之间建立着合理的、最好的关系和联系。由此他肯定说：“在诸世界的这个最好的世界里，一切都在改善”；这在客观上等于是承认灾难完全无法避免和替任何社会罪恶作辩护，伏尔泰在著名的哲学小说《老实人》中嘲笑了这种态度；18 世纪法国无神论者，包括霍尔巴赫在内，批判了莱布尼茨的这个原理。——俄译本注

会生活得更好一些。难道会有另一个比我们这个最好的世界更好的世界么?

有些神学家把渎神的人称做乐观主义者,因为这些人认为上帝不能创造和我们这个世界相似的任何其他世界;在这些神学家看来,这种论断是对神灵的亵渎和侮辱。但是这些神学家怎么会看不到,认为能够创造最好的世界的上帝竟如此阴险地使世界变成极不完善的东西,比断定仿佛上帝在创造我们这个世界的时候就做好了它能够做到的一切事情,更侮辱得多呢?如果说乐观主义者的信念就是对神灵万能的侮辱,则一面称乐观主义者为渎神者,保卫上帝的万能,一面又贬抑上帝的仁慈的神学家,也就像乐观主义者一样是亵渎神灵。

88 在来世报答尘世的不公正待遇和痛苦是一种毫无根据的和荒谬的虚构

当我们抱怨出现在我们的地球这个舞台上的那一切灾难时,人们就把我们打发到别的世界去;人们告诉我们,在这个别的世界上,上帝会酬赏它暂时容许在地球上存在的一切不公正现象和痛苦。但是,如果上帝在漫长的时间里不实行自己正义的裁判,并且在我们的行星存在的整个时期内容许恶,我们又能够有什么保证在别的世界上神灵正义的裁判不会同样不起作用,而听任住在上面的人民忍受痛苦呢?

人们安慰我们的痛苦,要我们相信上帝是有耐心的,虽然上帝正义的裁判暂时还没有任何表现,这并不能说,我们应当怀疑这点。但是,公正的、不变的和万能的存在物不应当这样长期的忍耐，岂不是显而易见的么？容忍公开的恶岂不是软弱无力、狐疑不定或者甚至是同情这种恶的表现么？容许可以预防的恶就是让这种恶存在。

89 神学替上帝所容许的恶和不公正现象作辩护的时候，只是承认强者的权利，这就是说，神学允许上帝蹂躏一切权利，或者叫人盲目服从

许多神学家用形形色色的方法竭力使我相信上帝是无限善良的，但是神的公正性和人的公正性没有任何共同点。这种神的公正性究竟是什么呢？对于一种这样经常令人想起人的不公正性的公正性，我能够形成怎样的观念呢？我们听说，神的公正性和人的公正性是两件不同的事，这种说法岂不等于根本歪曲我们关于权利和公正性的全部观念么？如果一种存在物的完善性和人认为完善的那个观念根本相反，怎么可以把这种存在物当作效法的榜样呢？

你们说，上帝是我们命运的专制的主宰者；无论何人也无论何物都无法限制上帝的万能，这种万能使上帝有权从自己亲手创造的事物中产生一切它忽然想起的东西；而人不过是一条甚至不敢抱怨上帝的蚯蚓。这种高傲的口吻显然是从某个暴君手下那些企图封住呻吟在他们的暴力下面的奴隶们的嘴的酷吏的语言中搬过来的；这种口吻不是赞扬上帝的公正性的神职人员应当有的；这种口吻不会得到有理性的存在物的赞同。为正直的神服务的人啊！我要告诉你们，任何最伟大的力量都

不能允许你们的上帝(即使是上帝)用不公正的态度对待最下等的最可怜的生物！专制者还不是上帝。自认为有权作恶的上帝简直就是暴君;而暴君是不能成为人们学习的榜样的,它只会引起反感。

因此,为了替神灵作辩护而使神灵变成最不公正的存在物,岂不是奇怪么？一旦我们埋怨上帝,神学家们就想强迫我们默不做声,他们硬说,上帝是完全自主的,这就是说,上帝凭借强权不服从公共法规。但是要知道,强权意味着对一切权利的蹂躏;只有在某个由于盛怒而神魂颠倒、并且认为他有权对自己的不幸的牺牲者为所欲为的野蛮掠夺者看来,才会觉得这种强权是合法的,只有仅仅因为他们自己太弱小而不能反抗暴君才认为暴君可以随心所欲的奴隶,才会承认这种野蛮的权利是合法的。

难道虔信者不是用难以置信的天真态度,或者正确些说,难道虔信者不是用显然轻率的态度对着各种最可怕的灾难感叹说:一切都凭上帝的意志么？总而言之,不彻底的思想家们,你们忠诚地认为最善良的上帝会给你们降下鼠疫、战争、歉收,一句话,这个上帝既然自由地并且有权使你们遭受只有你们才能忍受的极大的痛苦,则它就不会是全善的了！当你们的上帝给你们带来恶的时候,就不要再妄称它为全善的;也就不要说上帝是公正的;而要直率地说,实力在它那一边,而你们则无力使自己避免上帝任性地使你们遭受的各种打击。

你们说,上帝之所以惩罚我们是为了我们的幸福。但是,在这样的国家里能够找到什么样的实在幸福呢？在这里,瘟疫使她荡然无存，战争使她经济破产，淫佚放荡的统治者使她的人民腐化堕落，她的人民遭到残酷无情的暴君铁蹄的蹂躏，她的人民为恶劣的政治制度造成的各种灾难所毁灭，这种制度的有害后果常常亘数世纪而不绝于闻。如果信教的人认为幸福在于最可怕的灾难和最不能忍受的痛苦，在于最可憎的恶习和压迫人类的狂妄行为，这种信仰该是何等盲目啊！

90　圣经妄加给耶和华的赎罪的祭品和不断的流血事件是同样荒谬可笑的虚构，因为这些虚构必然以不公正的和残酷的上帝存在为前提

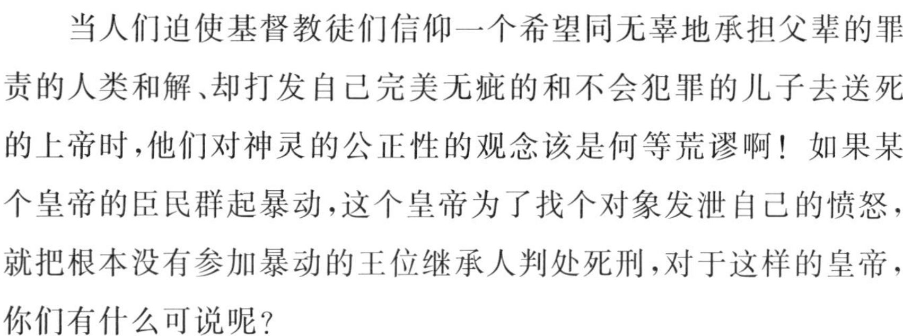

当人们迫使基督教徒们信仰一个希望同无辜地承担父辈的罪责的人类和解、却打发自己完美无疵的和不会犯罪的儿子去送死的上帝时，他们对神灵的公正性的观念该是何等荒谬啊！如果某个皇帝的臣民群起暴动，这个皇帝为了找个对象发泄自己的愤怒，就把根本没有参加暴动的王位继承人判处死刑，对于这样的皇帝，你们有什么可说呢？

基督教徒回答我们说，上帝之所以同意判处自己的儿子以残酷的死刑乃是出于对自己创造物的爱，虽然这些创造物并不能符合神灵的正义裁判的要求。但是人对彼岸事物的善意无论如何还不会使上帝有权对自己的儿子采取不公正的和残酷的手段。神学家们妄加在上帝身上的一切属性处处都是互相排斥的；一种属性的任何表现必然要否定另一种属性。

也许犹太人对神灵的公正性观念会比基督教徒合理些吧？有个犹太国王在愤怒时把天火降到地上，结果是：耶和华把鼠疫散布

给自己的绝对无辜的人民;为了赎偿神灵的恩典宽恕了的国王的过错,有七万人被消灭了!

91 如果一种存在物把儿子生到世上来,只是为了使他们成为不幸的,是否可以把这种存在物推崇为体贴入微的、宽宏大量的和持事公正的父亲呢?

尽管一切宗教都不厌其烦地揭发了神所犯的那些罪行,但是,人们完全不敢公开谴责上帝不公正;他们怕上帝像地上暴君一样,如果真理鞭挞了上帝,那么上帝只会使自己的残酷和暴虐变本加厉。所以,人们恭顺地听信神甫对他们说的话:上帝是关心入微的父亲,是公正的统治者,它力求取得自己臣民应有的爱戴、服从和尊敬;这位统治者之所以赋予人们以自由,只是为了使他们有可能博取它的恩典和得到上帝并无义务赐予臣民的永恒快乐。如果某个父亲把生命给予自己绝大多数子女只是为了使他们在地上过着极其悲惨不幸的生活,则根据什么理由人们应该承认这个父亲是关心入微的呢?如果按照神学家的信念,人们可能滥用自由,从而使自己必然遭受永恒的痛苦,则是否可能有比这种所谓自由更加可怕的赠品呢?

92 凡人的全部生活,地上发生的一切事情,都否定人的自由以及所谓上帝的公正和仁慈

神灵一旦让自己的创造物来到人间,就引诱他们进行何等残酷而且危险的游戏啊!不幸的凡人被抛到世界上来是不以他们的愿望为转移的,他们之赋有各种性格是不由他们自主的,他

们的活动是出于他们本性所固有的各种嗜好和情欲，他们的周围都是无法避免的陷阱，他们受到各种他们不能预见和预防的事件的诱惑，所以，这些不幸的人不得不服从这样一种命运，这种命运可能使他们遭受按其残酷性和长期性都极端可怕的苦难。

一些旅行的人都叙述说，在亚洲的一个国家里，专权的是某个苏丹，这苏丹王的性格很特别，他的念头奇怪得难以置信，他的荒唐的任性已经达到登峰造极的地步。这个有奇怪嗜好的国王整天都坐在桌子旁边，桌子一端放着藏有三颗骰子的角形小盒；桌子另一端放着一大堆金子，这堆金子必然会激起廷臣和苏丹王近侍的嫉妒和贪欲的情火。苏丹王懂得自己臣下的弱点，他对他们大致说了如下的话：奴才们！我为你们好。我是宽宏大量的，所以我想使你们发财和幸福。看到这些财宝吗？它们是你们的：不过你们得努力赢得它们；你们每个人尽可以依次去拿那个有骰子的盒子；谁要走运抓个六点，就会得到这些财宝；但我要预先声明，凡是未能抓出必要点数的人，都将终生投入监狱，在那里，根据我颁布的法规，他将在文火上烧死。听了统治者这番话以后，在场的人都惘然若失地面面相觑；谁也不愿意去做这种可怕的冒险。呃，原来这样！——怒气冲冲的苏丹大声说，——没有人愿意参加这种游戏啰！这可不是我的本意。为了我的光荣游戏得做！所以你们都要来玩：这是我的希望，而且你们都应该绝对服从我！必须指出，这个暴君把骰子制造得在一万次中只能抓出一次六点；这个宽宏大量的统治者可以蛮有把握地确信：他的监狱将有人满之患，而这些财宝几乎原封未动。凡人啊！这位苏丹就是你们的上帝；这些财宝就是天堂的快乐；囚室就是地狱；而你们自己则在玩骰子。

93 我们对所谓天意表示任何一点感激心情都是没有道理的

人们时刻反复对我们说，我们应当无限地感谢上帝，因为仿佛上帝给予我们数不清的恩惠。人们特别颂扬生命这份礼品。但是，唉！真正对自己的存在感到满意的凡人多不多呢？如果生活有时也使我们高兴，那么生活中又掺和着多少悲哀啊！难道片刻的剧痛不能彻底破坏最安详最幸福的生活么？总之，如果事情取决于人们的话，则他们中间是否有很多的人会同意在同一些条件下再度开始自己的生活道路呢（过去命运并不曾征求他们的同意就给他们准备好了这种生活道路）？

你们说，生命本身已经是伟大的恩赐。但是，难道这个生命不是时刻受到经常残酷的和不大应得的痛苦、恐惧和疾病的毁伤么？况且，难道我们不会在任何时刻丧失掉处处都在危险的威胁下的这个生命么？世间是否有人一生中不会失去恩爱的夫妻、娇宠的小儿女或忠实的朋友呢？这些人的丧故是不能使他忘怀于心的。很少人没有体验过尘世生活的全部苦楚；多数人常常都有结束这条生命的想法。归根到底，生活或者不生活并不是由我们决定的。难道落网以后又被关进鸟笼的鸟雀对捕鸟的人会有任何感激心么？捕鸟者把捉来的鸟逗弄一番以后，就将它做成烤肉以供自己食用。

94 所谓人是上帝最疼爱的儿女，是神灵的特选者，是创造活动的唯一目的，是自然界的主宰，这种说法是荒谬的

尽管人在这个世界上不得不忍受疾病、不幸和穷困，同时，也尽管他在想象中认为另一世界有各式各样的危险，但他还是这样愚蠢，竟然相信，仿佛人就是上帝的特选者，是上帝全部关怀的对象，是上帝全部劳作的唯一目的。在人看来，整个世界是仅仅为他而创造的；他傲慢地自称为自然界的主宰，并把自己看得无比地高于一切动物。可怜的凡人啊！你们这种自高自大的奢望究竟有什么根据呢？你们说，你们天生具有灵魂、理性、高度的能力，从而使你们可以绝对统治你们周围的一切存在物。但是，唉，自然界软弱无能的统治者啊！你们在任何时刻是否能够确信自己的统治地位是巩固的呢？你们藐视的物质中的一些最小的原子不是足可以把你们从宝座上推下来和夺去你们的生命么？而且最后，自然界的任何主宰不是死后要变成蛆虫的食物么？

你对我说，人都有自己的灵魂么？然则你是否知道你的灵魂是什么呢？难道你不明白，你的灵魂无非是你的全部身体器官（由于有这些器官你才活着）的活动的结果么？你是否能够否认其他的动物有灵魂呢？它们也像你一样生活、思想、推论、比较、寻求快乐、避免苦痛，它们的身体器官之为它们服务比你们的身体器官之为你们服务要好得多。你以自己的智力而自豪；但是难道这些你引为目空一切的能力可以使你变得比

其他创造物更加幸福么？你不是常常求助于你因之获得光荣而宗教则加以禁锢的理性么？你藐视动物，因为它们比你软弱或愚蠢，但是难道动物会受到像你那样的精神上的痛苦和折磨吗？这些动物是否有无数不可遏制的情欲和不断使你的心灵支裂的、虚构的需要呢？它们会不会像你一样因回忆过去而痛苦和担心未来呢？动物只限于对现在的意识，它们拥有你称之为本能而我则叫做理性的那些东西，它们显然具有自我保存所必需的即保护其生命和满足其需要所必需的一切。难道你如此轻蔑地谈到的这种本能，不是常常比你的全部不平凡的能力更好得多地替它们服务么？难道动物的安详的无知不是胜过你的离奇的判断和徒然的沉思么？要知道这些判断和沉思会使你变成不幸的人，会驱使你疯狂地消灭你的如此高贵的同类。而且最后，动物是否也像许多人们一样具有这样的错误观念呢？在这种观念看来，不仅死亡迫使他们恐惧，而且永恒的苦难也会迫使他们恐惧，依据他们的信仰，人死后就有永恒的苦难等待他们。

当奥古斯都[①]获悉犹太国王希律[②]杀死了自己的儿子们的时候，他大声说道，做希律的猪崽比做他的儿子强！对于人也可以这样说；上帝的这个心爱的孩子会比所有其他生物遭到更多得无比

① 奥古斯都，即盖伊·尤里·恺撒·屋大维，第一代罗马皇帝(公元前30年—公元14年)。教会认为基督教诞生在他在位的时期。——俄译本注

② 希律，犹太国王(公元前37—前4年)，暴君，自己妻子和两个儿子的杀害者。基督教传说认为基督诞生在他在位时期，虽然希律在基督教纪年开始前4年就死去了。——俄译本注

的危险。难道除了地上全部痛苦之外，他无需乎再对来世的永恒苦难产生恐惧么？

95 人和动物的对比

人和被他称为畜生的动物之间的确切界限何在呢？人和动物之间的本质区别在哪里呢？人们答复我们说，这个区别就在于人有理性、智力，这理性、智力使人高于一切动物，因为动物只有在绝无理性参加的生理刺激的影响下才进行活动。但是既然动物具有比人更有限的需要，则动物没有它们完全不需要的智力也会很好地对付过去。动物可以满足于本能，但是人的全部能力才刚刚足够使人的生活稍微过得去，也才刚刚足够满足在想象、偏见和脑力活动影响下经常增长的全部需要，而随着这些需要的增长，人的痛苦也加深了。

动物对待事物的态度和人根本不同；动物既没有人那些需要，又没有人那些欲望，也没有人那些奇怪的想法；它们很快就达到成年时期，可是我们极少遇得到一个能够充分地和自由地利用其全部能力来取得幸福的人。

96 地球上没有一个坏蛋比暴君更加可恨

人们硬要我们相信，人的灵魂是最简单的实体；但是，如果真是这样，则全体人类的灵魂就应当是一模一样的，他们全都应当具有同样的智力；但是人们在智力上却是这样不同，真是各如其面。某些人之间的差别有时会比人和马或人和狗之间的差别更大。在某些人之间，我们找不出丝毫相似的地方，也找不出任何一个共同点。例如，洛克[1]或牛顿[2]的天才和普通农夫或果天托特人或拉普兰人[3]的智力之间的差别，该有何等悬殊啊！

人之异于其他动物只在于他的身体组织，这种组织使他具有一种动物所没有的活动能力。人体器官的多样性可以充分地说明人和动物之间的区别，这种差别就在于我们所谓的智力。机体精细复杂的程度、血液温度的差别、新陈代谢的快慢，神经肌肉组织的或柔或刚，必然会产生千差万别的类型，这是我们在有理性的人中间可以观察到的。人的理性在发展着，并且由于经常运用智力，由于习惯和教育，才达到比他周围各种生物的智力更发达的程度；人没有文化和生活经验，就会像所有的动物那样愚蠢和呆笨。笨汉是这样一个人，他整个身体的活动都很吃力，他的大脑反应迟钝，他的血液好不容易才从他的血管中流过；聪明的人的身体组织细密柔韧，他的感官和大脑能迅速反应各种印象；学者则是这样的人，他的全部能力和大脑长期用在他感兴趣的问题上。

难道既无生活经验又无理性的非文明人，不应当受到较最卑贱的昆虫或最凶残的野兽也许更大的藐视和痛恨么？茫茫天地间

① 约翰·洛克（1632—1704），英国哲学家，发展了培根和霍布斯的唯物主义观点。洛克的主要功绩是批判关于“天赋观念”和“天赋实践原则”的唯心主义学说，以及保卫关于经验、人类知识感性起源的观点。在这方面，洛克对18世纪法国启蒙思想家以及对唯物主义和无神论往后的发展都有巨大的影响。——俄译本注（另参见本书第12页第4节的注释①）

② 伊萨克·牛顿（1642—1727），英国物理学家和数学家。作为自然科学家，对17—18世纪机械唯物主义的形成产生了巨大的影响；容纳了上帝的存在和作为物质运动第一原因的“上帝的推动”；终生都站在保卫宗教的立场上。——俄译本注

③ 拉普兰人，20世纪初以前对萨阿米人的称呼。萨阿米人也称洛普人，居住在挪威、瑞典、芬兰等国北部地区，操萨阿米语，无文字。——俄译本注

是否找得到一些存在物比提庇留[1]、尼禄、卡利古拉更令人切齿痛恨呢？难道这些号称伟大的征服者的危害人类的人的灵魂比熊、狮、豹的灵魂更值得尊敬么？世间能不能有一些存在物比暴君更可痛恨的呢？

97　驳人类的优越性

人自以为比其他的动物优越，这种狂妄的自负是很不应该的，如果冷静地把人的全部狂妄想法研究清楚，这种优越感很快就会烟消云散。动物的行为多么经常地说明它们比自封为主要是理性动物的人类更加诚挚、审慎和明理得多！我们是否可以在这样经常地过着无权的奴隶生活的人们中间遇到像蚂蚁、蜜蜂或海狸那样组织得令人不胜惊羡的生物社会呢？我们是否曾经看见过同一种类的动物猝然相逢在某个辽阔的平原上会无缘无故地互相消灭和杀戮呢？谁见过它们中间进行过宗教战争呢？野兽之所以残酷地对待其他野兽是由于饥饿和求食的必要性；人之所以残酷地对待人，则仅仅是由于他的统治者的虚荣心和狂妄粗鲁的偏见。

居心叵测的思想家们以为，甚至想使我们相信，宇宙是为人创造的，一旦问他们，不断危害我们生存的无数凶险的动物，怎么能够促进人的幸福时，他们就感到极端的狼狈。虔信者是否可以根据某些合理的征候选择死亡的方式：死于蛇咬，死于蚊咬，死于某种致命的寄生虫，还是死于老虎，以及诸如此类呢？但是如果所有

[1] 提庇留，即克劳狄·尼禄，罗马皇帝（公元14—37年），奥古斯都的继承者，以极端残酷著称。最后被杀。——俄译本注

这些动物都能够像我们的神学家一样进行推理，它们一定会肯定说，人是为它们创造的！

98 东方的神话故事

离巴格达[1]不远有一个幽静处所，这里安谧而且美满，曾经住着一个以圣洁著称的苦行僧。各地区的朝圣者都纷纷地带着礼物来到他这里，请求他祷告的时候记得他们。这位圣者不断地赞美上帝的全部恩赐，说上帝已经把这些恩赐全给他了。他说道："真主！你对你仆人的关怀是非言语所能表达的！要对得起你赐给我的所有那些恩典，我曾经做过什么事呢？天神啊！宇宙的创造者啊！该用什么言词来赞扬你的眷顾和父亲般的关怀啊！真主啊！你给你子孙的恩典真是无穷无尽！"我们这位遁世的隐士满怀知恩之忱，立誓要第七次上麦加[2]去朝圣。这时，波斯人和土耳其人之间正有战事，但是战争并没有阻止这个虔诚的意图的实现。这位苦行僧全心全意地信仰上帝，他出发上道了；他的衣着在阿拉伯说明他也是一个神圣不可侵犯的人，因此，他可以畅行无阻地越过敌对双方的营垒；我们这位圣者不但没有受到任何压迫，敌对阵营双方的将士对他反而厚加礼遇。终于，他劳累得疲惫不堪了，就去寻找一个掩蔽的地方，以避灼人的阳光；他在几株棕榈的阴凉下找到了它，棕榈的根有清澈的小河灌溉。这时万籁俱寂，唯有淙淙的水

---

① 巴格达，位于美索不达米亚的一座城市，9—10 世纪是穆斯林国家即巴格达的哈里发国家的首都和最大的经济文化中心。现在是伊拉克的首都。——俄译本注

② 麦加，位于阿拉伯半岛的一座城市，那里有穆斯林的圣物克尔白神殿，它吸引着从各个国家来的许许多多朝觐者。——俄译本注

声和嘤嘤的鸟语，这位通神的人不仅沉醉于迷人的宁静，而且享受了甘美的食物；只要一伸手，他就可以摘到海枣或其他同样绝妙的果实。他可以从小河里取水解渴，鲜嫩的野草很快成了他柔软的床褥。醒来之后，他举行了庄严的礼拜，并且满心高兴地大声说道："真主啊！你对人类子女真是功德无量！"这位兴高采烈的苦行僧歇息了片刻，神智清爽，于是继续做自己的旅行；他经过的地方有时风景如画，我们这位徒步旅行者观赏了群花争艳的山冈、碧草如茵的平原和果实累累的树木。他被这种景象所感动，不断地感谢和赞扬处处表现是关怀人生幸福的慷慨仁慈的神明。不久，他来到了难以攀登的群山。当他登上一个山峰时，他的眼前突然展示出一幅惊心动魄的图画：他的灵魂战栗了。他看见一片辽阔的平原完全被火和剑夷为废墟；他举目巡视，死尸约在十万以上，这是几天以前这一地带刚发生过血战的惨证。鹰、鸢、乌鸦和狼群畅行无阻地吞食遍野的死者。这种场面引起了我们这位朝圣者忧郁的沉思。必须说明，上帝曾经给予他一种奇异的禀赋——他通晓野兽的语言。正在这时，他听见狼在吞食人肉时怎样兴高采烈地嚎叫："真主啊！你对所有狼的子女真是神恩浩荡！你以自己全知的睿智把疯狂降与可鄙的人群、我们狼类的仇敌。多亏为自己的创造物操心的上帝，我们狼族的这些危害者才会互相屠杀，也才使我们得到了豪华的筵席。真主啊！你给狼族子女的好处真是不可胜数！"

99　认为世界上只有上天的恩惠和相信宇宙是为人而创造的，这是荒谬的想法

如醉如狂的想象力认为世界上只有上天的恩惠；比较冷静的

理性则认为世界上既有善也有恶。你们说，我存在；但是这个存在是否始终幸福呢！你们说：“请看太阳吧，阳光照耀大地，地上才为你们生长丰盛的五谷和青草；请看花吧，花的开放可以使你们的眼睛快乐，可以使你们的嗅觉清爽；你看树木被佳美的果实压得弯腰点头；你看清澈明净的流水只是为了解除你们的口渴；看一看环抱大陆而使你们的商业繁盛的海洋吧；看一看有远见的大自然为了满足你们的需要而生产的一切生物吧。”诚然，这一切我都看见，而且还尽自己的力量利用着所有这些东西。但是，在许多国家里，光辉灿烂的太阳几乎永远被乌云把我遮住；在另一些国家里，过分炎热的太阳使我痛苦，因为它产生灾难，引起可怕的疾病，使田野干涸；草地上再也见不到植物，树上再也不结果实，庄稼烧尽，源泉枯竭；我只有费尽气力才能维持自己的生活，我也只能抱怨自然界的残酷性，虽然你们认为它是好善乐施的。如果海洋使我们得到药材、珍宝和毫无用处的奢侈品，那么，难道在同一些海洋中找不到热衷于到那里去寻找所有这些珍宝的成千上万的人的坟墓吗？

虚荣使人相信，人是宇宙唯一的中心；人只是为自己才创造自己的世界和自己的上帝；他感到自己有权根据自己的愿望来改变自然规律；当所谈的是其他所有的生物时，他就像无神论者一样进行推论。难道人不会认为动物界、植物界和矿物界的一切事物只是一些不应当得到天意的关怀，神灵的眷顾和正义裁判的自动机么？凡人们把一切事件——一切成功和灾难、健康和疾病、生和死、富裕和饥饿——都看成是对他们的行为（仿佛这些行为是受自由意志决定的，虽然他们没有任何理由硬说自己有自由意志）的奖励或惩罚。为什么他们议论动物时不从同一些前提出发呢？尽管人看到，当同一个最公正的上帝存在的时候，动物像人们一样地有幸福也有痛苦，可以是健康的也可以是有病的，可能活着也可能死去，但是他不会想到扪心自问：动物有怎样的过错才会使自然界的这个统治者对自己大发脾气。而被宗教偏见弄得瞎眼的哲学家，为了在这个问题上摆脱困境，竟达到这样狂妄的地步，乃至武断说，仿佛动物没有感觉的能力。

莫非他们绝对不会放弃自己的不合理的奢望么？莫非他们不懂得自然界完全不是为他们创造的么？莫非他们不相信自然所创造的一切东西在自然面前都是平等的么？莫非他们看不出一切生物同样是为了活着和死去、享福和受苦而创造的么？而且最后，莫非他们不明白以自己的智力而自高自大是极不适宜的么？莫非他们不明白这些智力常常使他们比没有那些往往预先决定着人的不幸的虚荣、迷信、成见和狂妄的动物更加不幸得多么？

100 什么是灵魂？谁也不知道这个问题。如果这个虚构的灵魂是某种异于身体的自然物，则灵魂和身体就不可能结合

人妄自以为比其他动物优越，这种优越感主要是以这样一种信念为依据的：只有人才天生具有不死的灵魂。但是要问问人，什么是灵魂，于是他就开始嘟嘟囔囔说些完全莫知所云的话。这原来是无人知道的一种实体，这是和身体不同的一种神秘力量，这是人没有丝毫观念的一种精神。但是，请问这些人，像他们的上帝一样没有广延性的精神，怎么能够同有广延的和物质的身体结合起

来呢？他们回答说，对于这个问题，他们毫无所知，这对他们是一个秘密，身体和灵魂的结合是神灵万能的结果。可以说，这就是人们关于隐蔽的实体，或者正确些说，关于虚构的实体所得到的确切概念！他们妄认为这个实体是他们一切行为的推动者！

如果灵魂是一种本质上不同于身体且和身体没有任何共同点的实体，则灵魂和身体的结合就不会是秘密，而简直是不可能的事。同时，本质上不同于身体的灵魂，必然要以完全不同的方式活动。但是我们看到，身体的运动也会为所谓灵魂感觉到，而且这两个本质上不同的实体永远互相协同地活动。你们仍旧会肯定说，灵魂和身体之间的这种和谐也是一个秘密；我要告诉你们，我看不见自己的灵魂，我所知道和感觉的只是自己的身体；我的身体在感觉，思想和推论，受苦和享福，而身体的全部属性则是它自己的本性或组织的必然结果。

101 假定灵魂存在是荒谬的。假定存在着不死的灵魂则更加荒谬

虽然人们对仿佛会使他们具有生气的灵魂或精神不能获得多少确切的观念，但是他们使自己相信，这个不可理解的灵魂不会死亡；然而他们有一切证据可以说明，他们的感觉、思想、表象、享乐和痛苦，只因为有了身体的各种器官，才可能存在。即使假定灵魂是存在的，也不能不承认它完全依赖于身体，并且随身体的变化而变化；可是人们竟然以为，灵魂按其本性来说和身体毫无共同点；他们希望把灵魂说成是有活动和感觉的能力而无需身体的帮助。总而言之，他们认为这个灵魂即使离开身体

和不凭借身体的各种感官，也可以生活、享乐、受苦、体验幸福或感受残酷的折磨。灵魂不死的论点就建立在类似的一大堆极其荒谬的前提上。

如果我问，使得假定灵魂不死的根据何在，人们立即会回答我说，人按其本性来说追求不死，他希望永远活着。我反驳说，但是，从你们强烈地希望什么这个事实中，无论如何还不能得出结论说，这个希望将会实现。根据什么奇怪的逻辑人敢于假定凡是他热烈希望的东西只要他热烈地希望就一定会发生呢？人的想象力所产生的希望是否能够成为实在性的标准呢？你们说，不指望来世生活的渎神论者希望完全消灭。就算这样吧！他们不是有权利根据这个愿望得出结论说完全消灭实际上正在等待他们，正如你们不也只是根据你们的希望得出生命永恒的结论么？

102 人都要死，这是十分明显的

人都要死。这对任何思想健全的人都是明显的道理。人的身体死后都要变成不能运动的惰性物质，而所有这些运动的总和则构成人的生命。我们在这具死尸身上已经感觉不到任何血液循环、呼吸、消化、言语和思想。有一种看法说，从死亡的时刻起，灵魂就离开身体。但是硬说某种谁也不知道的灵魂乃是基本的生命动力，无异于什么也没有说明，或者等于认定某种没有人知道的力量是很难区别的运动的潜在根源。相信死人不会复活比什么信念都要简单和自然；同时，说死人还会继续活着比什么判断都要荒谬。

我们讥笑某些天真的民族：他们按照习俗把各种食具同亡者一起埋葬，因为他们相信，人死后在来世是要吃的。是否可以设想一种判断比硬说人们死后会有吃喝的需要，比硬说他们能够思想，硬说他们会有快乐或忧愁的观念，硬说他们会有享乐、痛苦、懊悔或高兴的感觉更加荒谬呢？要知道这时人的一切器官都会腐烂和变成灰尘，他不会再有感觉和思想的能力了。说人们的灵魂在身体死亡以后将是幸福的或不幸的，无异于认为人们可以无目而视，无耳而听，无腭而能知味，无鼻而能嗅，以及无手无皮肤而能触。以高度发达和高度文明自居的民族竟抱着这样的看法，真令人痛心！

103　不容争辩地驳斥灵魂的非形体性

灵魂不死的教条假定，灵魂是没有形体的，它是精神：但是我还是要问，什么是精神呢？你们会说："这是一种没有广延性，不会腐败，并且和物质毫无共同点的实体。"但是，如果这样，然则为什么你们的灵魂也像身体一样有生有长，有发展，有成熟，而在同一进步过程中衰老呢？

对于所有这些问题，神学家都回答我们说，这一切都是秘密；而如果这是秘密，那就说明，神学家对这些问题毫不理解。如果他们自己并没有弄清楚这些问题，他们又怎么能够对那些连自己也没有任何观念的事物作肯定的判断呢？为了相信一种判断或者肯定一种判断，起码应该知道你所相信的那个判断或你所肯定的那个判断究竟是什么意思。相信无形体的灵魂存在，无异于相信你们不可能真正认识的事物的存在；这无异于相信几个联系起来不可能产生任何意义的词汇；因此灵魂不死的一切主张是由极大的狂妄和虚荣造成的。

104 神学家们不断援引的超自然原因的荒谬性

神学家都是些很奇怪的思想家。只要他们无法猜测事物的自然原因的时候，他们就虚构出一些他们称之为超自然原因的原因；他们想象出某些精灵、某些隐秘的原因、不可理解的推动者，或者正确些说，他们想象出一些比他们本来打算加以说明的那些事物还更难理解的词汇。总之，我们认为，在可见的自然之外去找这些现象或那些现象的说明是绝对不必要的；我们不会去找不为我们的感官所接受的原因，我们承认，在自然之外，我们绝对找不到自然向我们提出的那些问题的答案。

即使接受神学的假设，换言之，即使假定有某个万能的物质推动者存在，神学家们仍然没有任何理由不承认上帝可能赋予物质以思想能力。对上帝说来，创造这种会产生思想的物质结合，难道比创造能思想的灵魂更加困难么？如果我们假定物质能够思想，我们在任何场合下就会有思维主体的观念，即有某种东西使我们产生思想的观念，但是，如果把思想妄加在没有形体的存在物身上，我们就不可能对这种存在物构成任何概念。

105 硬说唯物主义玷辱人的尊严是错误的

人们对我们说，唯物主义使人变成没有灵魂的机器，因而玷辱着人的尊严。但是，莫非假定人是在某种隐秘的精神影响下活动的，换言之，莫非假定人是在不知是什么东西(这种东西不知以怎样方式使人具有生命)的影响下活动的，人就会更加尊严么？

十分明显，所谓精神对物质或灵魂对身体的优越性，只是建立在根本不懂何谓灵魂的基础上的，不过，物质和身体是我们已知的事物，我们毫不费力就可以弄清楚这些事物的属性。另一方面，在任何一个能够思想的人看来，我们的身体最简单的运动都是像思想的本质一样复杂难解的问题。

106　续

许多人都用虔敬的态度对待精神，产生这种态度的根源看来在于他们没有能力多少确切地规定这个精神的本性。我们的形而上学者都用蔑视的态度对待物质，产生这种态度的原因显然在于所有的人全都轻视他们经常接触和可以了解的东西。这些形而上学者对我们说，灵魂比身体更优胜更高尚，这种看法除了只表示神秘不解的东西似乎比他们总算有点了解的东西更优胜以外，根本没有说明任何问题。

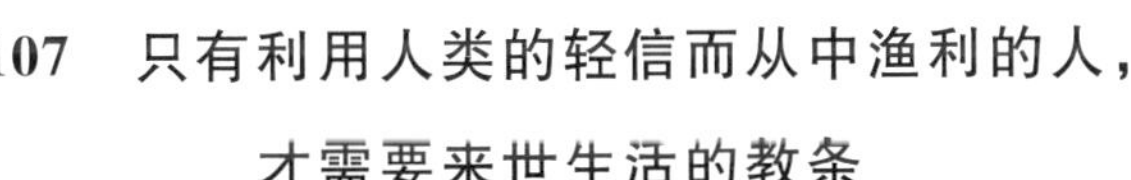

107　只有利用人类的轻信而从中渔利的人，才需要来世生活的教条

人们不断地硬要我们相信，彼岸生活的教条是有益的；他们认为，即使这个教条是一种虚构，它还是很需要的，因为它使人们有敬畏之心，并且促使他们为善。但是，果然如此么？这个教条真的可以使人们变得更聪明和更好么？难道普遍信仰这个虚构的那些民族表现出多少高尚的道德和善良的行为么？难道可见世界始终不会战胜不可见的世界么？如果有责任教育和指导其他人们的那种人，本身更有教养和更加善良，他们就可以凭借实在的刺激物而非虚构的刺激物把人管理得更好得多；但是，在道貌岸然、沽名钓

誉和淫佚放荡的人类立法者看来,似乎用神话故事安慰人们比把真理告诉他们,发展他们的理性,用实在可靠的动因奖励他们的美德,和用合理的方式管理人类,总是要简单些。

神学家之所以使灵魂没有肉体自然是有十分特殊的原因的;为了在想象的彼岸世界安身,他们必须有灵魂和幽灵。那些有形体的、物质的灵魂,也和物质的身体一样会腐烂。因此,如果人们相信人一死就整个死了,则各种彼岸世界的发现者和地理学家就会失去在这些谁也不知道的世界里充当人类灵魂的向导的权利。所以,他们既不能从他们强迫人们接受的希望中得到任何利益,又不能从他们借以强制人们当然服从的恐惧中得到任何利益。如果未来的生活对人类没有任何实在意义,则对于那些自愿在彼岸世界里扮演向导角色的人来说,未来生活无论如何都会是一笔重要的收入。

108　在来世生活的教条中没有任何使人得到安慰的东西;如果这个教条也能成为对人的安慰,这还是不会证明它的真理性

有人问我:“关于来世生活的教条对于地上所有不幸的人来说不是最大的安慰么?就算这是一种幻觉,然而难道信仰这种教条不是使人感到美满和快慰么?难道相信人活得比自己长久和相信他有朝一日将获得他在地上所放弃的快乐,不是人的一种幸福么?”唉,可怜的人!那么说,你们竟认为自己的欲望和希求就是真理的标准!仅仅因为你们想成为不死的和幸福的,你们就得出结论说:你们会永远活着,而且在你们并不知道的另一个世界上,你

们将比常常只使你们忍受痛苦的地上世界更为幸福！愉快地、毫不惋惜地离开这个世界吧！要知道这个世界使你们绝大多数人忍受的痛苦比享得的快乐要大得多。顺从命运吧！虽然命运没有使你们长生不死，正如命运没有使其他所有的生物长生不死一样。但是，那时我又会变成什么呢？——有人问……你会再度变成几百万年以前的那个样子。你那时什么都不知道，下定决心在一瞬间再度变成这个什么也不知道的东西吧；安静地回到老家去吧，回到一切创造物所共有的怀抱里去吧，你之所以得到你此刻的形状，是通过你不知道的过程从这个大怀抱中产生的；要善于毫无怨言地死去，像你周围所有的存在物一样。

人们反复不断地向我们说，备受压迫的、不幸的人们在各种宗教观念中会得到安慰；他们认为，灵魂不死和来世快乐的教条可以使人有力量忍受地上压迫他的全部苦难。反之，用神学家的话说，唯物主义则是很少慰藉的体系，它贬抑人的尊严，把人降低到和动物同一的水平，消磨他的勇气，并且在他的面前展开一幅万类俱灭的远景，如果人在这个世界上除了痛苦以外什么也不知道，这种远景就会使他濒于绝望，甚至促成自杀。应当承认，神学家是窥测人类心灵秘密动机的巨匠，他们善于适时地威胁和安慰，恫吓和鼓励。

在神学家幻想的彼岸世界中，不仅有死者的灵魂领略永恒快乐的地方；那里也有预先决定供永远受苦的场所。在这个幻想的世界里，没有任何事情比享受快乐更为困难，也没有任何事物比沦落地狱更为容易，这地狱是上帝替自己永恒愤怒的不幸的牺牲者准备的。所有认为来世生活安乐美满的人莫非忘记了，对于大多数凡人来说这种来世生活只能表示永恒的苦难么?关于万类俱灭的思想难道不比所谓注定会受永恒苦难和切齿痛恨的无穷生命的观念更可取些么?难道关于我死后不再存在的意识比我出生前绝不存在的思想更加可怕么?停止存在只有在我们那种产生关于来世生活的虚构的教条的想象力看来,才的确是实在的罪恶。

信仰基督教的神学家们啊!你们肯定地说,关于未来幸福生活的思想应当是合乎人的愿望的;我们同意这点;谁也不会拒绝比我们尘世更愉快和更有保障的生活。然而如果在我们看来,天堂真的能够是令人心向神往的,那么你们应当承认,地狱则叫人胆战心惊。要得到天堂的快乐甚难,而忍受地狱的苦难则极易。你们自己也说,通往天堂极乐生活的道路是狭窄多艰的,而到地狱的则是为大众敞开的辽阔的康庄大道!你们每分钟不是反复说,特选者很少而被唾弃的人则很多么?为了拯救,难道不需要上帝只用来奖励极少数凡人的那种神恩么?总之,我要告诉你们,你们所有的虚构丝毫也不会使人感到安慰;我要告诉你们,我宁愿一劳永逸地被消灭掉,而不希望在永恒的地狱火焰中烧死;我要说,动物的命运在我看来要比被判处忍受地狱苦难的人们的命运值得羡慕些,而我认为我能够在片刻之间摆脱世上一切使人苦恼的灾祸,要比我怀疑人们使我相信的所谓上帝可以自由地施与自己的恩典,它只对特选者滥用恩典,而注定使其他一切人忍受永恒苦难的各种教理百倍地合乎我的愿望。只有在极度心醉神迷或十分狂妄的状态中,才能放弃清楚的、自明的、对未来能够有充分信心的学说,而接受很少近乎情理的、造成不安情绪和很难受的恐惧心理的虚构体系。

109 一切宗教原则都是十足的虚构。对它们的真理性的内在信念只是根深蒂固的习惯的结果。上帝是幻想的产物，妄加在上帝身上的各种属性是互相排斥的

各种宗教原则纯然是绝不顾及经验和理性的想象的创造物。要同这些原则作斗争是很困难的，因为由于各种迷惑人的和引诱人的幽灵而感到惊讶和陶醉的想象力，已经不能倾听理性的呼声了。人用理性的武器同宗教和一切宗教幻想作斗争的时候很像手仗佩剑驱散蚊子的怪人：每砍一剑，幽灵就像蚊子又重新成群地在眼前飞翔一样，再度侵入仿佛刚把幽灵从其中驱走的大脑。

一旦人否认神学家用来证明上帝存在的一些论据，他们就提出另一些证据，如：内在的感情、深刻的内在信念、不可克服的不以人的意志为转移的自然需要、万能的存在物的形象，据说人不可能从自己的灵魂中把这种存在物驱逐出去，并且人不得不违反一切最令人信服的理由而承认这个存在物。如果我们仍然想把据说有如此重要意义的这种内在情感分析一下，我们就会相信，这种内在情感只是根深蒂固的习惯的结果，这种习惯迫使我们闭起眼睛不看最明显的证据，和使绝大多数人，常常是使受过高等教育的人，产生各种幼稚可笑的迷信。这种内在感情或者这种毫无根据的深刻信念能有什么用处呢？要知道这种信念违反明显的真理，这真理告诉我们说，凡是其基础包含矛盾的事物实际上是不可能存在的。

人们十分郑重地向我们宣称，到现在为止，还没有谁证明过上帝不存在。但是，就人们关于上帝所说的话来判断，不可能有什么

判断比肯定上帝是幻想，它根本不可能存在更加正确；也没有什么判断比认为任何存在物都不能把全世界的宗教赋予上帝的所有那些互相排斥的、矛盾的和不可调和的属性结合于一体的观点更加明显和更令人信服。神学家的上帝和有神论者[①]的上帝一样，显然是一种同妄加在它身上的各种结果不能并容的原因。无论从哪一个角度来看，或者必须虚构出另一个上帝，或者必须承认，这样多世纪以来人们反复谈论的上帝，同时是既很善良又很凶恶，既很强大又极软弱，既不变又变化；必须承认它有无穷的智慧，而又暴露出毫不理智和毫无本领制订一定的计划，和找出实现此计划的方法；必须承认，这上帝热爱和谐而又允许混乱的现象存在；必须承认，它非常公正而又极其偏私；必须承认，它所做的一切都是完善的，但同时，它的作品永远需要修正；而且最后，难道我们不是必须承认所有这些互相对消的特性不可能统一在唯一的存在物中么？要知道，如果不陷入最惊人的矛盾，就不能给这个存在物以任何说明。试说出上帝某种属性的名称吧，那时这属性立即就会被妄加在此属性身上的所有那些结果（这属性被当作这些结果的原因）所推翻。

110　任何宗教都是为了用秘密来调和矛盾而虚构出来的一种体系

可以有充分的权利称神学为矛盾的科学。任何宗教都是为了

① 有神论者，是有神论的拥护者。有神论是把上帝当作个人，当作创造世界并经常监护其活动的有理性的超自然存在物的一种宗教哲学观点。有神论是一切神论宗教的基础。——俄译本注

调和最不可调和的矛盾而虚构出来的一种体系。人们在习惯和恐惧的影响下接受各种最荒谬的偏见，甚至在荒谬已经极端明显的时候，他们也不愿意放弃这些偏见。驳倒宗教教条并不困难，困难的是根除宗教。理性在所谓*人的第二天性*的习惯面前是无能为力的。有许多非常聪明的和思想健全的人们，甚至在仔细地分析了他们的教理的有害的根本原则以后，仍然继续顽固地坚持这个教理，而不顾最有说服力的论据。

只要人开始抱怨宗教的不可理解性，只要他承认处处都可以遇到无法同意的废话，只要承认在他看来宗教教条都是不近情理的，——人们就会对他说：我们之所以被创造，不是为了理解宗教所提供的真理；理性是要犯错误的；不能信赖理性；把理性当作指南是危险的；理性会把我们导致毁灭。人们硬要我们相信，*人以为狂妄，则神以为聪慧*，因为在上帝看来，断然没有任何不可能的事情。

最后，神学家求助于*秘密*，以便用唯一的一个词来解决处处使神学进退维谷的所有最难解决的困难。

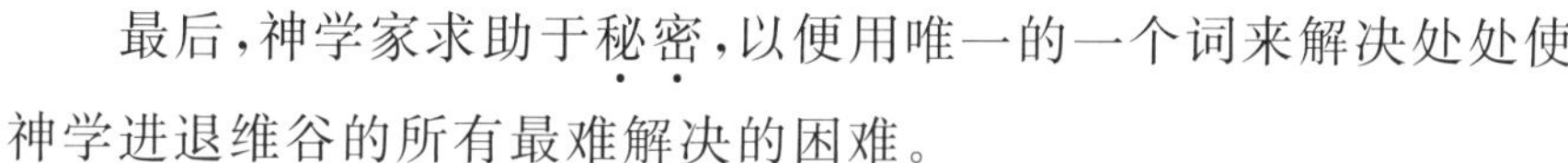

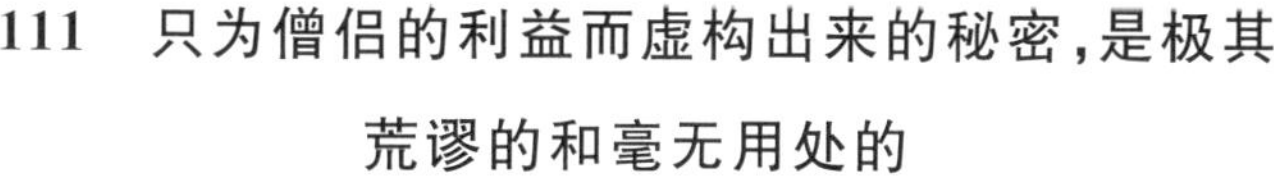

111　只为僧侣的利益而虚构出来的秘密，是极其荒谬的和毫无用处的

什么是秘密呢？只要仔细弄清这个概念，我很快就会相信，任何秘密的基本内容归根到底都只是矛盾，只是赤裸裸的荒谬，只是明显的废话。神学家们希望，人应当闭起眼睛不看这些东西。总而言之，秘密也者，这就是我们教会的牧师们没有能力向我们说明的东西。

宗教信徒们的利益就在于人们绝对不了解他们的学说。人没有能力分析他不理解的东西；当我们在黑暗中再也辨不清方向时，我们就要依靠向导。如果宗教中的一切都是明白可解的，神甫们就会无所事事了。

无秘密即不能有任何宗教；秘密是任何宗教所固有的，因为没有秘密的宗教乃是一种明显的矛盾。任何自然宗教——有神论或自然神论——都以上帝为基础，而在任何能够独立思考的人看来，上帝本身就已经是最大的秘密。

112　续

世上一切现存的天启宗教，都充满着各种神秘的教条、不可理解的教理、难以置信的神迹和莫名其妙的传说，仿佛创造这些东西的唯一目的，就在于破坏我们的理性，扰乱我们的神智。任何宗教都宣扬不可见的上帝，这个上帝的本质就是秘密；所以妄加在这个上帝身上的行为也就像上帝的本质一样很难为人理解。在被上帝散布于全球各个最不同的地区的一切形形色色的宗教中，这个上帝都用最难解最神秘的方式说话。无论神灵在什么地方向人们显圣，它到处都宣布秘密，那就是说，神灵并不怀疑，在神灵启示时人们会遇到各种不可调和的矛盾和无法理解的预言，而他们从这些矛盾和预言中是不能得出任何稍微明白的概念的。

无知的特点总是宁愿相信一切未知的、神秘的、虚构的、奇异的、难以置信的和甚至可怕的东西，而不相信一切简单明白和可以理解的东西。真实的东西并不像幻想那样猛烈地震撼着想象力，况且任何人都有自由随心所欲地解释这些幻想。无知的庶民最爱神话故事，于是神甫和立法者恰好就投合着这种嗜好，他们杜撰了各种宗教教条和秘密。他们就这样把狂信者、妇女和无知的人吸引到自己方面来，因为这种人很容易同意他们不能了解的论据；向往质朴和追求真理的人永远是极少数，他们的想象力是受思维和科学控制的。

当神甫们用拉丁格言来点缀自己的说教时，不学无术的普通百姓最是高兴。无知的人总是认为，凡是向他们叙述不可理解的事物的人，都会有不平凡的才智。这也正是人民的轻信和僧侣之所以在人民心目中享有威信的真正原因。

113 续

告诉人们各种秘密，这和赠送他们某种礼物，却不把礼物从手上放下来是并无二致的，也就是说，和显然故意讲些不可理解的话是如出一辙的。凡是说话吞吞吐吐的人或者以扑朔迷离的语言自娱，或者是一些特殊的考虑促使他使用模糊难解的说明。其次，任何秘密始终是没有信心、软弱和恐惧的明显标志。君王和他们的大臣们认为国家计划是秘密，他们担心，敌人获悉这些计划以后会阻止它们的实现。

然而，难道上帝的创造物的怀疑和动摇能够使全善的上帝开心吗？既然世界上没有任何东西能够反抗万能的上帝的权力，难道这个上帝会担心什么人阻挡了自己的道路么？关于上帝人们向我们叙述各种不真实的故事和莫名其妙的事情，这对上帝有什么利益呢？

我们听说：人，由于自己的软弱性，没有能力理解神灵的天命，因此，在人看来，天命必然会是神秘的；上帝不可能把自己的秘密让人知道，因为这些秘密必然超出人的理解力。但是，在这种场合下，我要回答说，人被创造出来也不是为了议论神灵的天命，这个天命丝毫也不会关心人，而且人不能理解的秘密同人是毫不相干的；所以，任何以秘密为基础的宗教同人的关系也就是某种娓娓动人的道德说教同羊群的那种关系。

114　上帝——一切人的父亲——应当把一种宗教给予所有的人

在全球一切地区，上帝都以形形色色的方式显圣，所以，宣传一种宗教的人抱着痛恨和轻视的态度对待其他宗教的信徒。一种教义的拥护者谴责所有宣传其他信仰的人为愚蠢和狂妄；一种宗教最推尊的圣礼引起另一种宗教的信徒们的嘲笑。如果上帝真的降下了启示、它就应当用一种大家都懂得的语言同人们说话，免得他们软弱的理性在寻找真正的宗教和最合上帝心意的宗教仪式中迷失路途。

上帝既然是一切人的父亲，就应当建立一种一切人所共有的宗教。地球上存在着这样多的宗教究竟由于什么劫运呢？如果每一种宗教都排斥所有其他的宗教，则这些宗教中间哪一种是真的呢？有充分的理由假定，任何一种现存的宗教都不能自诩有这种特性，因为在每一种宗教信徒中间不断发生的分裂和论争，极其明显地说明，它们的各种基本原则是非常动摇的和毫无根据的。

115　其所以不需要宗教主要是由于它不可理解

如果宗教是所有的人都需要的，它就应当是这些人全都可以理解的。如果宗教对人是最重要的东西，则根据神灵的仁慈自然可以期待宗教是最明白、最显目、最令人信服的对象。因此，对凡人的幸福有如此重要意义的那种事物，竟是凡人最不理解的，并且在这样多的世纪中引起了神学家最激烈的论争，这不是很奇怪的事么？甚至属于同一个教派的僧侣，在解释（希望向人们显圣的）上帝的意志问题上，也绝对不可能达到完全一致的意见！

我们生活的世界可以同市内广场相比，广场的各个角落都摆着讲坛，一些走方医生争先恐后地从讲坛上大声吹嘘自己商品的优点，同时企图诋毁他们的同行所赞扬和陈列的药材。每一个药箱旁边都有一群顾客，他们都相信只有这一个药箱里出售的药才是最好的，尽管人们经常使用的正是这些药，他们也看不出，他们并不会好起来的，他们还是像他们的、延请其他医生或服用其他药箱里的药的邻居们一样继续生着病。笃信上帝——这是人早在童年时就得了的一种病；而虔信的教徒则是疑病患者，服药品只会使他的一点小病变得更加复杂。聪明的人绝不会求助于任何药物，而是实行一种正确的生活方式和信赖自然的力量。

116　从宣传另一些同样毫无意义的教理的其他宗教的观点看来，任何宗教教条都是荒谬的

在思想健全的人看来，没有任何东西比各种宗教的信徒们在世界所宣传的互相矛盾的信念更加荒谬可笑的了。基督教徒认为，可兰经[1]（即穆罕默德得到的和宣扬的神的启示）是一大堆粗

---

① 可兰经，伊斯兰教圣经。根据穆斯林的信仰，穆罕默德通过“上帝的启示”得到了它。可兰经是7世纪最终形成的，其中犹太教和基督教，以及从古代波斯宗教祆教中袭用了许多东西。可兰经中包含着伊斯兰教的教义，被认为是穆斯林应当遵守的日常生活的、法律、德和道德的规范。可兰经反映了阿拉伯封建主和商人的阶级利益，它以真主的名义，把社会不平等、对妇女的奴役等等神圣化了。——俄译本注

鲁无礼的、亵渎和侮辱神灵的幻想。反过来，伊斯兰教徒也称基督教徒为偶像崇拜者和狗；在基督教中他只看见荒谬；他自以为有权夺取基督教徒的土地，用手中的剑把基督徒变成伊斯兰教徒，同时在超人的先知的追随者看来，崇拜一个人或三位一体是最亵渎神灵和最狂妄的行为。基督教内无条件地崇拜一个人、并且坚信不可理解的三位一体的教条的新教徒则嘲笑基督教内的天主教徒，因为天主教徒相信圣体的神秘性；新教徒认为天主教徒是疯子、渎神的人和偶像崇拜者，因为天主教徒跪拜在一块面包跟前，仿佛他在这块面包里看见宇宙的主宰。教派最不相同的基督教徒一致把崇拜神灵的体现者毗瑟拏[①]的印度教徒视为蠢汉，他们认为神灵唯一真正的体现者是耶稣，这耶稣就是宇宙之父（即宇宙的主宰）和木匠之妻的儿子。自称为自然宗教的追随者的有神论者只承认自己的上帝，虽然他对于这个上帝没有丝毫概念，却让自己嘲笑人类其余一切宗教的神秘性。

117 一个著名的神学家的意见

一个著名的神学家说过，承认上帝存在还只是停留在半路上。他说："既然我们大家都承认和相信真正的上帝是一种特殊的存在物，那么我们毫不费力地就会相信随便什么东西。因为我们既已同意这个本身十分伟大的第一个秘密，我们的理性就应当接受最不可思议的论断。因为我既已同意第一个真理，我就可以毫不困

---

① 毗瑟拏，印度最广泛流行的宗教婆罗门及其新形式印度教的三个主要神祇之一。——俄译本注

难地相信千千万万我不理解的最难以置信的事物。”①

是否可以设想有什么东西会比非物质的、无形体的和本身不变化的存在物之创造物质更加矛盾、更难以想象和更加神秘呢?是否可以相信这个存在物会产生我们在世界上观察到的那些不断的转化呢?如果无限善良、聪明、公正和万能的存在物指导自然并且管理着充满狂行、贫困、罪恶和纠纷的世界——尤其是这个万能的存在物凭一句话就可以预防或排除一切转化,那么能不能有什么东西会比信仰这个存在物更不和健全的思想相容呢?总之,如果承认有像基督教的上帝这样矛盾的存在物,有什么理由不相信最不足信的寓言、最不可能的奇迹、最深刻和最不可理解的秘密呢?

118 有神论者的上帝和基督教的上帝同样矛盾和虚妄

有神论者说:“你们不要崇拜基督教徒的残酷任性的上帝;只有我们的上帝才真正是无限聪明和善良的存在物;它是一切人的父亲;它是最温和的统治者;它的善行遍及宇宙。”我要反问:但是难道你们看不见,这个世界上的一切事物都否定你们赋予自己上帝的那些优良品质么?我看不出在这个如此关心入微的父亲的人数众多的家庭中有哪一个人是幸福的。在如此公正的君主所统治的国家里,我到处看到恶德获得胜利而美德受到压制。由于你们的宗教狂信,你们只看到你们极力颂扬的恩惠,此外你们就不愿意

① 参看《理性丛书》(Bibliothèque raisonnée),第一卷第184页。这段话是耶稣会的哈尔杜恩所说。——著者注

看到无穷无尽的和形形色色的痛苦，你们顽固地闭上眼睛无视这些痛苦。如果你们认为，可以承认有这样一个上帝，它会改变自己的仁慈，而用同一只手既十分热心地为善又十分热心地为恶，则为了证明这种上帝是存在的，你们就应当像神甫们那样把我打发到彼岸世界去。再想个什么别的上帝吧！因为你们的上帝和基督教的上帝一样是矛盾的，并且和它很少区别。善良的上帝为非作恶或者同意恶行存在，公正的上帝允许自己管理的世界上使无辜的人受苦，完善的上帝只创造不完善的和有缺点的创造物，这样的上帝也和上帝的全部行为一样，是一种和显圣的神迹不相上下的秘密。

你们深信，你们之所以感到耻辱是因为人们接受这样的信念：作为宇宙主宰的上帝会变成人，并且死在亚洲一个地方的十字架上。你们认为不可理解的三位一体的秘密是荒谬的。在你们看来，绝对不会有比上帝变为面包，并且全世界各个不同的地方每天都在吃这面包更加滑稽可笑的事情。妙极了！但是，难道所有这些神迹比爱报复的和因为人们的恶劣行为而惩罚他们的上帝更不能为理性所接受么？按照你们的说法，人是自由的呢还是不自由的呢？无论在前一种场合或者在后一种场合下，你们的上帝（如果它有任何一点点公正性）都不可能惩罚人也不能奖励人。要知道，如果人是自由的，那是否意味着上帝自己曾经给了人这样行动或那样行动的自由呢？这就是说，上帝也是人一切行为的第一原因；所以，上帝因为人的谬误而惩罚人的时候，它就只是惩罚自己，因为人是按照上帝赋予他的自由而行动的。如果人除了像他现在所作的那样就不能自由地行动，则上帝因为人不能不犯的过失而惩罚人，它就是一切存在物中最不公正的存在物。

世界上所有的宗教都充满着数不清的毫无意义的东西，这些东西的确会使许多人感到惊奇；但是，所有这些人并没有在自己身上找到足够的勇气去理解必然会产生所有这些毫无意义的东西的根源。这些人看不到，充满矛盾和荒诞性的，具有各种最不能并容的属性的上帝，在人们的想象中除了产生一连串无穷的幻象和怪想以外，不可能产生任何东西。

119 从古以来所有的民族都承认过某个上帝的权力的武断，绝对不可能成为上帝存在的证明

有人希望封住否认上帝存在的人们的嘴，于是他告诉他们说：一切时代和一切国家的所有民族过去始终都承认某个神灵的权力；地球上没有一个民族不信仰不可见的和万能的上帝是祭祀和崇拜的对象；最后，没有任何一个最野蛮的部族不曾确信超越人类理性的某个最高理性的存在。但是所有的人的信仰能够使谬误变成真理么？一个著名的哲学家曾经绝对正确地指出："真理的确既不是由公认的传统确定的，也不是由一切人相互的协议确定的。"[①]更早的时候曾经有另一个智者说过：整个学术界也无法改

① 培尔。——著者注[比埃尔·培尔(1647—1706)，法国思想家。不仅热烈地捍卫了信仰自由，而且热烈地捍卫了人成为无神论者的权利。培尔否定了教会对不信神的诬蔑，它高度评价无神论者的道德面貌和尊严。用马克思的话说，他"证明，由清一色的无神论者所组成的社会是可能存在的，无神论者能够成为可敬的人，玷辱人的尊严的不是无神论，而是迷信和偶像崇拜，并从而宣告了……无神论社会的来临"(《马克思恩格斯全集》，中文第1版第2卷第162页)。——俄译本注]

变谬误的本性，并把谬误变成真理。[①]

过去有个时候，所有的人都相信太阳围绕地球旋转，而地球则是宇宙不动的中心；从这个谬误被否弃的时候起又差不多过去两百年了。过去有个时候，谁也不愿意相信有对跖者，并且对所有胆敢断定对跖者存在的人们加以迫害；而在我们今天，凡是受过教育的人都不再怀疑这点了。在任何一个国家里，普通的人民，除了少数不那么轻信的人以外，都相信巫师，相信鬼魂，相信幽灵，相信精灵；但毕竟没有任何一个思想健全的人会认为自己应当承认所有这些蠢话；同样，思想最健全的人也不会认为自己应当相信世界理性！

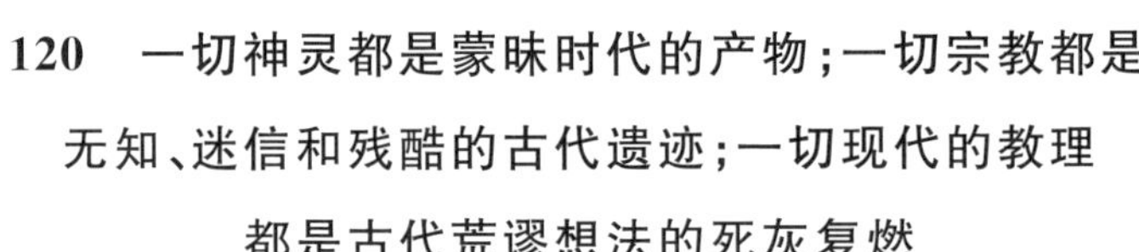

120　一切神灵都是蒙昧时代的产物；一切宗教都是无知、迷信和残酷的古代遗迹；一切现代的教理都是古代荒谬想法的死灰复燃

人们所崇拜的一切神灵都起源于远古，对这些神灵的信仰还在蒙昧时代就产生了；神灵都是无知的民族虚构出来的，或者是慕求虚荣和老奸巨猾的首领告诉粗野的普通人的，因为这些普通人既没有足够的智力也没有勇气批判地把在惩罚的恐惧下强迫他们

---

① 阿威罗伊。——著者注[阿威罗伊·伊本·罗世德·穆罕默德（1126—1198），——阿拉伯哲学家和学者；他承认物质和运动的永恒性，否定“从无中”创造世界、灵魂不死和神迹。他是“两重真理”论的创立人之一，按照这种学说，“理性真理”实际上是离开“信仰真理”而独立的，甚至还同它相矛盾。在中世纪，这种观点促进了科学和哲学同宗教的分离。阿威罗伊遭到了放逐和其他的迫害，他的观点受到伊斯兰教僧侣的谴责，后来当这些观点流传到法国和意大利的时候（13—16 世纪），也受到了天主教会的谴责。——俄译本注]

崇拜的事物认识清楚。

只要我们今天把还为最文明的民族所崇拜的上帝的观念研究清楚，我们就会确信：这些观念同野蛮人的信仰很少区别。做一个野蛮人，意味着除了强权以外不承认别的权利；这意味着做一个无限残酷的人；这意味着只凭自己的奇怪念头行事；这意味着既无预见，也不谨慎，又不明理。莫非以文明自居的各民族如此不认识他们对之焚香顶礼的、自己的上帝的这种特性么？神学家们所描绘的神灵的形象，难道不显然是这个残忍的、嫉妒的、复仇的、嗜血的、专横的、轻率的和还不具有高度发展的理性的现代人的再现么？人们啊！你们崇拜一个煊赫的野蛮人，并且认为他是值得效法的榜样、是仁慈的统治者和十全十美的国王！

一切民族的人民的宗教信仰都是古代人的无知、轻信和残酷的不可磨灭的残余。任何野蛮人都像小孩子一样渴望一切能满足他的精神需要的奇闻怪谈；这个毛孩子绝对不会思索使他的想象力感到惊讶的各种事物；对自然规律的无知迫使他把凡是他觉得不可理解的和超自然的东西都妄认作是来自精灵、魔法和妖术；在野蛮人的心目中，神甫都是魔法家，他认为魔法家具有他那惶惑不安的理性所崇拜的像神灵那样的威力；在他看来，这些魔法家的预言乃是不容怀疑的法则，不服从这些法则是危险的。

在宗教问题上，大多数人迄今仍处在最原始的蒙昧状态中。一切现代的宗教无非是古代荒谬想法适应当时情况的翻新。如果古代的野蛮人崇拜山、河、蛇、树和形形色色多得无数的物神；如果聪明的埃及人把鳄鱼、家鼠、葱头当作神灵，难道现在我们没有看到自认为更加聪明更加文明的那些民族如何崇拜面包，以为在这块面包中(用神甫们有魔力的话来说)显现着神灵自身么?难道基督教民族视为神圣的这块面包不是和野蛮人所崇拜的各种不同的事物和现象一模一样的物神么?

121　一切宗教仪式都带有无知和蒙昧的印记

野蛮人的残酷、无知和轻率自古以来始终一贯表现在他们的宗教仪式上。直到我们今天还保存着的这种野蛮的表现,在最文明的民族所信奉的一切宗教中都可以看出来。难道今天没有拿人来作血祭的情形么?为了平息神灵的愤怒(这神灵被描写成像野蛮人那样残忍、嫉妒和酷爱报复),难道今天没有颁布各种血腥的法律,根据这个法律使思想方式不合上帝心意的一切可疑分子遭到最险毒的酷刑么?在神甫帮助下的现代人,其行为残酷得令人难以置信,看起来甚至超过了最野蛮的民族的风俗。在任何情况下,任何一个野蛮人都不会想到为了信念去折磨自己的同类,去追究异己的思想,并为人们头脑中所产生的不可见的思维过程而迫害他们。

当我们看到各个文明民族(英国人、法国人、德国人等等)——尽管他们有着高度的文化——如何拜倒在犹太人的野蛮的上帝面前时,当我们看到某个国家的有文化的臣民如何分裂为各个教派,互相残杀,如何因为邻人对神灵的行为和意图抱着和他们自己的看法同样滑稽可笑的那些观点而仇视这些邻人时,当我们看到聪明的人们用极端愚蠢的方式议论这个以狂妄和专横著称的神灵的各种命令时,——我们会不由得大声说道:人们啊,你们直到现在还是野蛮人!在宗教问题上,你们并不比小小年纪的儿童更聪明!

122　宗教教条越古老和越流行，就越不应当信任它

某种观点流行越广，则凡是懂得群氓多么无知、轻信、糊涂和愚蠢的人，对待这种观点就越要采取更加怀疑的态度。大多数人并不是常常批判地对待各种事物；他们盲目地屈从于习惯和权威；他们多半是信奉那些他们既无条件又无勇气加以分析的宗教教理；既然人们一点也不了解这些教理，他们于是只好沉默；在最好的情况下，他们所有的推论都是站不住脚的，并且很快就推论不下去了。

试问任何一个普通的人，他是不是相信上帝呢？他对于你竟怀疑这件事是会感到惊讶的。试问这个普通人，他所谓上帝一词是什么意思；你们会使他陷入十分狼狈的境地；你们马上就会相信，这个人不可能把任何真实的观念同他不断重复的这个名词联系起来；他会对你们说，上帝就是上帝；你们也会看到，他既不知道自己对这个上帝有何想法，也不知道自己为什么信仰上帝。

所有的民族都信仰上帝；但是他们中间对这个上帝是否有任何一致的意见呢？绝对没有！凡是有意见分歧的地方，都不仅证明不了那里有明显的真理，而且始终说明那里存在着怀疑和无知。难道有哪一个人终生信任自己和对上帝保持始终一贯的看法？没有的事！他的上帝概念是随他的身体状态不同而改变的，这仍然说明宗教信念的动摇性。但是无论人们处在什么环境下，他们在明显的真理上是绝对不会自相矛盾的，也不会互相矛盾的；只有精神错乱的人才否认二二得四，太阳发光，全体大于部分，公正即善，为求他人善待己，必须自己善待人，残酷不义和善良是不相容的。

在上帝问题上人们中间是否也有这样一种一致的看法呢？人们关于上帝的全部想法或说法立即为妄加在这个上帝身上的一切行为所否定。

试请几个艺术家画个鬼魂吧；你们会看到，他们勾画的轮廓都会是一人一样；你们在这些肖像上找不出任何一个最小的相似的特点，因为这些画像的模特儿在现实生活中间是不存在的。既然每一个神学家都是按照自己的方式设想上帝，只有在他的想象中上帝才存在，而因此他们在上帝问题上任何时候也不会取得一致的看法，然则当全世界的神学家向我们描绘上帝时，他们难道不是在画鬼魂么？地球上的确找不出两个人对上帝抱有相同的观念。

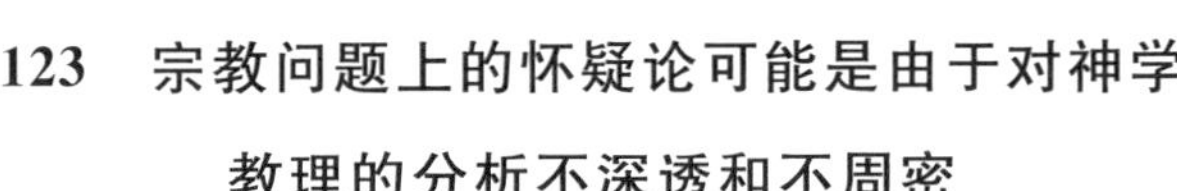

123　宗教问题上的怀疑论可能是由于对神学教理的分析不深透和不周密

人们对上帝的存在不仅没有坚定的信念，而且他们全都是怀疑论者或无神论者，这种说法也许要正确些。如果有一种存在物任何时候都看不见，对于它不能有任何确切的表象，它的意义不明的行为必然会使我们在下判断的时候左右为难，对于它，两个人都不能有一致的看法，我们是否能够相信这种存在物的存在呢？如果一种存在物的所谓行为处处都跟你们企图对它加以设想的那一切观念相矛盾，我们怎么能深信这种存在物的存在呢？难道这样的信仰不会意味着盲目附和社会舆论而放弃任何独立思考吗？群氓的宗教信仰是由神甫支配的，但是难道不正是这些神甫承认上帝对他们是不可理解的么？所以我们可以得出结论说，远不是所有的人对上帝的存在都具有深刻的信念，像神学家们所寄望的那样。

做一个怀疑论者意味着承认没有充分根据作判断。有些人把肯定上帝存在的论据和否定上帝存在的理由加以比较以后，宁愿采取怀疑的态度，而不承认上帝。但是这种怀疑态度从根本上说只是由于对问题的分析不够深刻罢了。是否能够怀疑明显的真理呢？思想健全的人都否定怀疑论，认为怀疑论是不能成立的。凡是怀疑自身存在或太阳存在的人，只会闹笑话，或者表明自己是一个伪君子。怀疑显然不可能存在的上帝的存在，不是同样的可笑么？难道怀疑自己的存在，比怀疑其属性彼此互相排斥的上帝之不可能存在更加荒谬么？莫非为了信仰某种精神的存在物而找到的理由可以比为了相信棍子没有两端而找到的理由更多么？如果某种无限善良和强大的存在物容许和造成数不清的恶行，则关于这种存在物的观念，莫非会比方形的三角形概念更加合理和更能成立么？所以我们可以得出结论说：宗教上的怀疑论只能是对不断违反最明显最简单的真理的神学教理分析不周密的结果。

怀疑——这就是说在考虑这个判断或那个判断。怀疑论——这不过是一种犹疑不决的状态，这种状态是由于对问题的分析太不深透所引起的。如果我们愿意费点气力深入地考察各种宗教原则，并且比较详细地把作为宗教基础的上帝观念分析清楚，在宗教问题上能不能继续做一个怀疑论者呢？怀疑论通常是懒惰、软弱无能和无动于衷的结果。大多数人之所以怀疑，其简单的理由就在于：他们懒惰；他们舍不得花费一些劳动和时间来考察他们不发生兴趣的那些问题。可是大家都认为，宗教之于人无论现世或来世都有极大的意义；因此，在宗教问题上感到怀疑和有着怀疑情绪的人是不愉快的；这些怀疑在任何场合下都未必能够使他安然入梦。凡是没有足够的勇气的人们，为了不带成见地思考上帝这个一切宗教的基础，绝对不能选定任何一种教理；他自己不懂得，他应当信仰什么，不信仰什么；他应当承认什么，否认什么；指靠什么和畏惧什么；一句话，他没有能力作出任何决定。

不应当把对宗教问题的冷漠态度同怀疑论混为一谈；这种冷漠态度，本身是以深信或承认宗教没有任何益处为基础的。相信人们赋予最严重意义的事物没有这种意义，相信这事物对我们是可有可无的，——这种信念首先要求对该事物有十分深刻的分析，否则这种信念就不能存在。在宗教的各种根本问题上通常自称为怀疑论者的那些人，大多数显然是思想懒汉，或者没有能力作深刻的分析。

124 驳启示

人类所有的宗教都坚决认为有神灵的启示，并且叙述说上帝怎样向人们显圣。上帝对人有过什么启示呢？它是否确凿地证实过自己的存在呢？它是否把自己的住址通知过人呢？它是否说过，它是什么以及它的本质何在呢？它是否详尽无遗地说明过自己的计划和意图呢？它的话同我们所见到的它的计划的结果是不是一致呢？当然不是这样；上帝只是宣布说：它**就是现在这个样子**；它是**内心的上帝**；它的道路是不可预知的；一旦人们敢于认识它的秘密，或者凭借理性来判断它自身和它的各种创作，它就会大怒起来。

启示所宣布的神灵的活动是否和人们希望使我们接受的关于神灵的智慧、仁慈、公正、万能的那些高尚观念一致呢?绝对不一致。启示把上帝描写成一个偏私的、专横的存在物。如果它也善良,那只是对自己特选的人民才如此,而对待整个其余的人类则分明是敌视的。如果它让某些人亲眼看到自己,则所有其余的人就被它控制在对自己意图的毫无希望的无知中。预定只供少数人用的一切启示,不是十分明显地暴露出神灵的不公正、偏私和阴险么?

神灵的启示是不是使我们对理性和智慧的伟大感到惊异呢?神灵的意志是不是用在获得启示的民族的幸福上面呢?我在分析了全世界各种宗教的神圣的启示以后发现:神灵的意志只包含着毫无道理的惩罚、奇怪的诫命、某些毫无意义的其使命是无法猜测的典礼的要求以及某些有损于这些宇宙主宰的滑稽可笑的仪式和礼节的要求;上帝的意志需要有血祭、圣餐、赎罪物,这些赎罪物对神职人员是极其有利的,而在其余的人类来说则大受亏损。除此以外,我还发现神灵的命令的目的常常是使人们变得暴戾乖张,目空一切,不容异说,好辩,处事不公,以及惨无人道地对待所有既没有得到那些启示、也没有得到类似的命令、又没有得到同样的天国神恩的人。

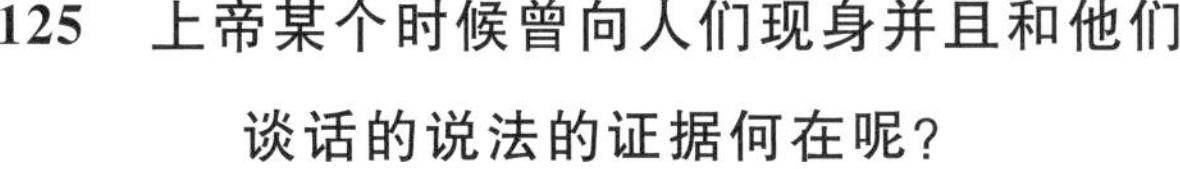

125　上帝某个时候曾向人们现身并且和他们谈话的说法的证据何在呢?

上帝给人们的戒律果真这样英明么?这些戒律果真胜过每一个有理性的人能够得到的所有道德命令么?在我看来,神灵的戒律之所以神圣,只是因为人的理智不能理解这些戒律的用处;依据这些戒律,美德在于人完全放弃自己的本性,在于自愿地忘掉理性,在于严正地敌视自己;最后,依据这些戒律,凡是使我们自己遭受最残酷的痛苦而又不给别人带来任何利益的行为都被认为是高尚的。

这个向人们显身的上帝究竟是什么呢?上帝果真亲自颁布过自己的法规么?人们是否听见上帝自己的声音呢?人们答复我说:上帝不曾向全体人民显过身,它总是利用那些以说明和解释上帝命令为职务的特选人员作中介。普通人绝对不许进入神殿,只有尊严的神职人员才有权告诉人民神殿中所发生的各种秘密。

126 任何东西都不会证明神迹的真理性

如果我抱怨在神灵的任何一条启示中我看不出任何神的智慧、仁慈和公正;如果我怀疑我和上帝之间的神圣的中介人是假仁假义的,贪求虚荣的,追逐私利的,人们就会硬使我相信,上帝通过一些惊人的神迹确证了以它的名义说话的那些人注定负有特殊的使命。但是,向所有的人显身并向他们说明自己,对上帝不是更加简单些么?从另一方面说,如果我对这些神迹发生兴趣,那么我就会看到,这一切都是形迹可疑的人散布出来的毫不近乎情理的寓言,这些人显然热衷于使人们相信仿佛他们就是至高者的使者。

我们得到什么证据可以使自己相信各种不可思议的神迹呢?人们总是向我们引证一些无知的民族的证言,但是,这些民族已经好几千年不存在了,而且,即使他们过去能够证实神迹,也完全有理由把他们看成是受自己想象所愚弄的人，或者看成是受狡猾的骗子的权威所愚弄的人。你们会说，这些神迹在根据不容置辩的传统而遗留至今的书籍中得到了确实的证明。但是写这些书的是谁呢？保存这些书籍，并且使这些书籍一代一代地传下来的那些人是谁呢？这就是那些宗教创始人或他们的分享其利益的信徒。在那些宗教问题上，当事一方的证言是不可靠的，也不能成为真理性的证明！

127 如果上帝和人们谈过话，奇怪的是，它用不同的方式和不同宗教信仰的人谈话，这些不同宗教的信徒们互相谩骂，而且用充分的理由责备对方为迷信和不敬神明

上帝曾经用不同的方式向每一个住在地球上的民族说话。所以，印度人不相信对中国人说的任何一句话；伊斯兰教徒认为对基督徒所说的一切都是虚构；犹太人则认为基督徒和伊斯兰教徒都是亵渎地歪曲真正法规的人，因为上帝只向他的祖宗启示过这些法规。基督教徒因为得到了最后的启示而自豪，他们把中国人、印度人和伊斯兰教徒一律革出教门，甚至还把犹太人（圣经是从他们那里流传下来的）革出教门。然则孰是孰非呢？各人都坚持说自己对；各人都援引同一些证据；各人都谈论神迹和预言，谈论殉道者和祭司。思想健全的人则回答他们所有的人说：他们都是些疯子；上帝从来没有说过什么话，因为如果它是精灵，则它既无口又无舌；主宰万物的上帝能够使自己的创造物接受无论什么思想，而无需凭借凡人的言语器官；既然无论谁都不知道上帝是什么东西，

则十分明显，上帝也不希望在这个问题上开导人们。

不同宗教的信徒们互相责备对方为迷信和亵渎神灵。基督教徒一听到多神教徒、中国人、伊斯兰教徒的迷信就会愤慨起来。天主教徒称新教徒为不信神者；反过来，新教徒也不断用同一罪名责备天主教徒。他们所有的人都是对的。

做一个渎神的人，就是说对你崇拜的上帝具有轻侮的看法；做一个迷信的人，就是说对这个上帝具有错误的看法。当不同宗教的信徒们互相责备对方为迷信时，就好像那些嘲笑驼背的驼子，虽然他们大家都对这种畸形感到同样的痛苦。

128　神启可疑的起源及其不可理解性

形形色色的神的使者向各民族人民郑重宣布的神启是不是明白的呢？可惜！真找不到两个人对神启会有同样的解释。认为自己的职业就是向他人说明这些神启的人们从来没有表现过意见一致；他们借助符号、箴言、寓言、无穷的引证和注释来解释神启；他们在其中寻找和其直接意义风马牛不相及的神秘意义！为了弄清楚上帝不愿意十分明白地表现自己、也不愿意让自己希望加以教育的那些人了解自己的上帝的命令，必须有中介人。上帝总是宁可利用那样一些人的言语器官：始终可以怀疑他们不是自己不正确地理解了、就是故意歪曲了神灵的意志、并且正在愚弄其余的人。

129　所谓神迹的极端荒谬性

一切宗教的奠基人都用神迹来证实自己是负有特殊使命的。

但是，什么是神迹呢？这是违反自然规律的活动。然则据你们看来，这些规律是谁确立的呢？上帝自己。这就是说，按照你们自己的主张，你们的上帝过去预见一切，现在则破坏它自己确立的自然规律！既然你们说，上帝认为必须中止这些规律的作用，或者暂时取消它们，那就是说，这些规律是不完善的，或者说在一定情况下无论如何已经不符合同一个上帝的意图了。

有人想使我们相信，至高者的特选者在至高者自身那里得到了创造神迹的权力；但是要知道，为了创造神迹，必须有能力创造新的原因，这些新原因要能够产生和通常的原因引起的那些结果相反的结果。是否能够设想上帝曾经给予人们一种不可思议的力量可以凭空创造和得出新的原因呢？是否能够相信绝对不变的上帝会使人们具有改变或修正它的预定的权力呢？要知道，这种权力由于上帝的不变的本质是它自己所不能具有的。神迹不仅不会增加上帝的伟大，不仅不会证明宗教起源于神，而且相反，它十分明显地否定人们企图使我们接受的这些观念：上帝是不变的、万能的和统一的，其他任何人都不可能具有神灵的属性。如果上帝应该全面掌握宇宙的整个计划，如果上帝不能颁布不完善的法规，如果上帝不能改变这些法规，则神学家怎么能够向我们说，上帝不得不借助神迹，以便实现自己的预定目的呢？或者说上帝不得不具有产生神迹的能力，以便实现自己神圣的意志呢？能够相信上帝需要人的帮助吗？要知道如果万能的存在物的指示始终是严格执行的，如果这种存在物支配着自己创造物的全部情感和思想，则只要这个存在物愿意就可以使这些创造物相信它所中意的一切。

130　驳巴斯噶[①]关于神迹的议论

宗教用神迹来证明神灵的存在，而同时宗教的一切作为却引起我们对这些神迹的怀疑，对于这种宗教有什么可说的呢？当真能够相信基督教圣经中描绘的各种神迹么？在圣经中，上帝自我夸耀说，它使人心变得冷酷了，并且迷惑了注定要死亡的人们；在圣经中，记述着上帝自己怎样容许走方医生们和魔术家们像上帝的信徒们一样也创造了同样一些惊人的神迹；圣经预言说，反基督者将有权创造神迹，这些神迹甚至可以动摇特选的遵守教规者的信仰。在所有这些条件下，我们应当根据什么特征来猜测，上帝是希望开导我们呢，还是想使我们上圈套呢？怎样分辨神迹来自上帝呢，还是来自魔鬼呢？

巴斯噶愿意帮助我们摆脱这种窘境，他十分严肃地肯定说："必须根据神迹判断教理，也必须根据教理判断神迹；神迹证实教理，教理也证实神迹。"如果可以谈到恶性循环，则这种循环恰恰表现在这一位基督教最著名的保卫者的此种深奥的推论中。世间是否有一种宗教不会妄想使自己的教理具有绝对的优越性，也不会援引多得无数的神迹来证实这些教理呢？

神迹是否可以否定已经得到证明的真理的明显性呢？即使有

---

① 布列兹·巴斯噶(1623—1662)，法国学者和哲学家。以物理学和数学领域中的出色研究著名(有流体静力学和概率论方面的著作)。在哲学上是唯心主义者，接近于冉森教派。他的主要哲学著作是未完成的、写来保卫唯心主义和基督教的《思想录》。巴斯噶还有《致外省人的信》(1658)，从冉森派的立场给予耶稣会教徒及其道德以毁灭性打击。——俄译本注

人有本领医治病人，矫正跛者，使某城所有死了的人复活，凌空飞翔，不让日月运行，但是这个人是否可以使我相信：二二不得四，一等于三，而三等于一，其大无外、遍布宇宙的上帝可以在某个犹太人身上得到体现，创世纪者会像普通的人一样死去，被认为永恒不变的、能看见一切的和睿智的上帝能够改变自己对它亲自创造的宗教的态度，并且用新的启示来改造这种宗教[①]呢？

131　根据神学本身的原则，任何新的启示都应当被认为是虚妄和亵渎

根据宗教（无论是自然宗教或者是天启宗教）本身的原则，任何新的启示都应当被认作是虚妄的；对于根据神灵亲自的启示而宣布的宗教教理的任何改动，都应当看成是对上帝的亵渎和诽谤。任何宗教改革都会意味着上帝最初并不能给人以完善的和确定不移的宗教教条。断言上帝颁布自己最初的法规时，应当适应它所要开导的人民的愚昧观念，无异于认定上帝不可能和不愿意使它所遴选的人民具有能够帮助他们成为符合自己上帝的心意的人民的理性。

如果当年犹太教的确是一种完善的、不变的、万能的和无所不见的上帝给予人们的宗教，则基督教就应当认为是异端邪说。基督的宗教的前提或者是上帝经过摩西而订下的律法中的某些缺点，或者是上帝自身的软弱和伪善，因为它不能或者不愿使犹太人变成它希望见到的那样一种人。所有新宗教或者所有经过改革的

① 指基督教。——俄译本注

古代宗教都显然是以神灵的软弱无力、反复无常、毫无远见和阴险毒辣为基础的。

132 甚至殉教者所流的鲜血也否定神迹的真实性和基督教的神圣起源

如果我从史书中知道最初的宗教使徒、宗教奠基人和宗教改革者创造了伟大的神迹，则史书同时也记述着，这些从事宗教改革的使徒及其继承者曾经招致了普遍的敌视，受到了迫害，并且被当作人民安宁的破坏者而判处死刑。因此我要怀疑他们真的创造过妄加在他们身上的种种神迹。要知道，这些神迹本来应当使许许多多目睹这些神迹的人站到他们这方面来，因为这些神迹无疑会袒护和保卫创造神迹的人。当我听到说，创造神迹的人受到了骇人听闻的刑讯和残酷的折磨，我的怀疑就增加了。是否可以相信，受到上帝亲自的保护而且被上帝赋予以创造神迹的才能的神灵的使者们，不可能利用最简单的神迹使自己免遭迫害者的毒手呢？

神学家们居然从迫害这件事实本身中巧妙地令人信服地证明殉教者们宣扬的宗教的真理性。但是如果一种宗教认为许多殉教者的功劳在于舍身成仁，并且告诉我们说，宗教创立者们为了传播宗教曾经历尽了千辛万苦，则这种宗教便不可能成为全善的、公正的和万能的上帝的宗教。全善的上帝不会容许它选出来向人们宣布自己意志的那些人遭到毒手的。万能的上帝既然愿意给人们以宗教，就能够找到其他更简单的和不致危害自己忠实信徒的方式和途径来达到这个目的。断言上帝希望用鲜血证明自己的教义，这无异于认定这个上帝是软弱无力的、不公正的、忘恩负义的和嗜血成性的，也无异于认定这个上帝为了自己的虚荣而背信弃义地牺牲自己的使者的生命。

133 殉教者的狂信、传教士伪善的和自私的笃信绝对证明不了宗教的真理性

为宗教而死还不能证明这宗教是真的和神圣的。这顶多证明殉教者相信他们的宗教是真的和神圣的而已。如果有人热衷于为宗教去送死，那他不过是证明宗教狂信常常会比对生命的眷恋更为强烈。一个罪犯同样可以视死如归。在这种情形下对于这个罪犯也可以说：他从必然中成就了美德。

有些传教士不顾被迫害和遭毒手的危险毅然宣扬自己的教义，他们这种崇高的英雄气概和无私的勤奋精神的故事，常常使我们惊讶和感动。这些传教士所宣扬的宗教的真理性的结论就是根据这样一些拯救人类的壮举得出来的。但是他们的无私精神究其实只是一种表面现象。谁不冒险，谁就不会赢得胜利。传教士一经同意传教，他就像所有的赌徒一样听天由命；他知道，如果他幸而能说服自己的一群信徒，他就会成为他们的绝对的主人；那时他就可以确信，被说服者会对他备加关怀，尊重和敬仰；那时他就有充分的理由可以指望，他将过着自由的和有保障的生活。这就是鼓舞许多云游全世界的预言者和传教士的热忱和自我牺牲精神的真实动机。

为某种信念而死同样证明不了这种信念的真理性或优越性，正如死于战斗丝毫不能证明为了自己的利益而使许多失掉理智的

人准备付出自己的生命的国王是正义的一样。沉醉在希望得到天堂快乐的殉教者的英勇行为，并不比在热烈追求光荣的鼓舞下或者在害怕蒙受耻辱的推动下的战士的英勇行为更神奇。当某个易洛魁人在文火上被人烧死的时候，他快活地高声歌唱，而圣洁的殉教者劳伦斯则在自己暴君的篝火上破口大骂，这两个人之间的区别何在呢？

任何新教理的宣传者们照例都死于非命，因为实力不在他们这方面；所有的使徒都担当着冒险的事业，并且早就料到他们面临着各种危险；但是他们的英勇就义丝毫不会证明他们的信念是真理，也丝毫不会证明他们处心诚实，正如某个野心家或强盗的暴死并不证明他有权破坏社会安宁，也不证明他相信有这种权利一样。传教士的职业始终是符合野心家的口味的，而这种职业之所以引诱野心家，是因为他们可以靠牺牲人民的利益而过优裕的生活；这些好处可以绰绰有余地抵过各种可能的危险。

134　神学使上帝变成理性和教育的敌人

神学家啊！你们说：“人以为狂妄，则神以为智慧，因为上帝喜欢使世间的智者不知所措。”但是难道你们自己不是认为人的智慧乃是上天的馈赠么？当你们说这种智慧是上帝所不欢喜的，它在上帝心目中只是狂妄，上帝会指引它走上错误的道路的时候，你们因而就断定了：上帝只能成为未受教育的人的朋友；它送给了所有思想健全的人这样一件致命的礼物，以至有朝一日这个专横的暴君本身会为这件礼物而残酷地惩罚他们。只有同理性和健全的思想决裂，才能与你们的上帝和睦相处，真是咄咄怪事！

135 信仰和理性不相容，应该要理性，而不要信仰

用神学家的话来说，信仰就是承认不明显的真理。由此可以推出，宗教要求我们坚定地相信不能证明的和不明显的事物，相信不大可靠的和根本违反理性的原理。但是承认理性不能解决宗教问题岂不等于同时承认信仰和理性不相容么？因此，如果宗教信徒们坚决地排斥理性，他们显然是明白理性和信仰不可能相容，而信仰也显然只在于盲目地服从神甫，因为在许多人看来，神甫的权威高于任何明显的真理和我们感官的见证。

“消灭理性吧；放弃经验吧；切勿相信自己的感官；而要不加批判地接受我们以上天的名义向你们郑重宣布的那些话！”——这就是世间所有的神甫说教的永远不变的根本内容；他们取得一致承认的唯一原理就是，当他们把对人们的幸福仿佛有头等重要意义的教理告诉人们时，必须禁止人们思考。

我不否弃自己的理性，因为只有理性才使我有可能区别善恶，分辨真伪。如果——用你们的话说——我是从上帝本身那里得到理性的，那我绝不会相信——如你们所说——这样仁慈的上帝把理性给我只是为了骗我上圈套和使我陷于死亡。神甫们啊！难道你们看不出，你们攻击理性的时候也就是诽谤上帝么？因为按照你们的信念来说，正是上帝使人们具有理性。

我不放弃经验，因为经验是比强迫我承认的教会牧师的想象或权威更可靠和更正确的顾问。经验教导我说：狂信和自私会使这些牧师丧失理智，因而陷入谬误，在我的理性看来，已有的经验是比许多人那些值得怀疑的断语更有价值得多的证据，因为正如

我所知道的，这些人是能够自欺或热衷于欺人的。

我不能盲目地相信自己的感觉，因为我知道感觉有时会使我陷入谬误；但是我又知道，这些感觉并不是永远欺骗我的。我深知我的眼睛所看见的太阳比实际上的太阳小许多倍；但是，作为我们感性知觉的反复的、自觉的运用的经验教导我说，我们之所以觉得一切对象比较小是因为距离有远近；因此我才能够相信太阳比地球大许多倍；于是，借助于同一些感官我可以相信和修正自己最初的感性知觉。

神学家要我不相信我的感官的见证，他们因之也就消灭宗教的一切证据。假使人们能够为自己的想象所愚弄，又假使他们的感官知觉是不足信的，怎么可能要求我相信当年我的祖先同样不足信的感官所知觉的神迹呢？断言我的感觉是不可靠的见证，那无异于教我也不要相信在我眼前发生的神迹。

136 硬说信仰胜于理性的各种诡辩的荒谬性和滑稽可笑

你们反复不断地对我说，宗教真理胜过我们的理性。但是，难道你们不是同时承认，这些真理不是为有理性的存在物创造的么？以为理性会欺骗我们，无异于认定真理会是虚妄的，有利的东西会是有害的。如果理性不认识有利和真理，这理性是什么呢？其次，既然我们这一生的行为只能遵循多少得到发展的理性的指导，换句话说，既然我们这一生的行为只能遵循我们所具有的那个理性和自然赋予我们的那些感官的指导，则断言理性是不可靠的顾问，断言我们的感觉会欺骗我们，实无异于认定我们的谬误是不可避免的，我们的无知是不可克服的，这就是说，除非上帝容许极端的不公正，否则就不能因为我们遵循着上帝愿意让我们得到的唯一导师的指示而惩罚我们。

认定我们必须相信我们的理性理解不到的事物，这种看法是荒谬的，正如断言上帝要求我们无翼而飞是荒谬的一样。确信有一些事物是不许我们的理性去判断的，无异于断言在我们认为最重要的问题上只需根据我们的幻想来考虑，或者瞎碰乱撞地行动。

我们的神学家确信，仿佛我们应当为上帝而牺牲我们的理性；如果某个存在物虽然估计我们不会使用这些无益的馈赠，却一定要把这些馈赠送给我们，然则根据什么理由我们应当向这个存在物作这种牺牲呢？如果——用同一些神学家的话来说——这个上帝非常阴险，竟而使人心变得冷酷和使自己创造物失去清醒的理智，以便骗他们上圈套和受到诱惑，我们是否可以相信这样的上帝呢？而且最后，如果神职人士要我们不去利用自己的眼睛，因为这样更便于他们控制我们，我们是否可以相信这些人士呢？

137 怎么能够要求人在对他有头等意义的问题上相信空话呢？

人们都自信宗教是世间对他们最重要的事物，但是正是在宗教问题上他们根本放弃独立的判断。在谈到某种有价值的东西，谈到买田置房，谈到银钱的存放，谈到某些合同或契约的时候，任何人都会详详细细地讨论每一个小节，采取一切防范的办法，句斟字酌，估计各种意外情形和偶然事件。而在宗教问题上大家却瞎碰乱撞地行动，相信空话，不愿意用心作一番认真的思索。

在我们看来，人们之所以漫不经心和疏忽大意地对待各种宗教问题是由于两个同样重要的原因。第一，这就是完全不相信在必然笼罩在任何宗教周围的那团黑暗气氛中能够摸到任何最小的凭借物；宗教的各种根本原则的确只能使懒惰的头脑产生反感，他们会在明显的和不可想象的概念混乱面前退却下来，因为他们认为自己没有能力弄清楚这些概念。第二个原因在于，绝大多数人并不是竭尽心力地执行宗教的命令，这些命令大家都是口头上尊重，而事实上很少有人去执行。对于许多人来说，宗教是一种和古老的传家宝一样的东西，当不需要拿它们作用的时候，谁也不会动手去掸掉上面的灰尘，而让它们继续躺在家庭的保管库中。

138 只有在智力薄弱和懒惰无知的人身上宗教才是根深蒂固的

毕达哥拉[1]的学生们盲目地相信自己老师的学说；他们对所有的问题都用一句话来解决：他这样说过。绝大多数人的行为也都是同样不合理的。在宗教问题上随便哪一个神甫或者随便哪一个不学无术的僧侣都是思想统治者。信仰纵容人类理智的弱点，在这种理智看来，任何智力活动通常都是令人苦恼的劳动；信赖他人比独立思考要方便得多；任何分析都是缓慢而且艰难的工作，它既不会使无知的蠢汉感兴趣，也不会使热情过度的人感兴趣；正因为如此，信仰才在地球上找到为数如此众多的信奉者。

人们越是不理智，他们越是没有受过教育，他们就越是更多地

① 毕达哥拉(公元前约571—497年)，古希腊唯心主义哲学家和数学家。——俄译本注

表现出对宗教的向往。在所有的教派中，完全处于僧侣影响下的妇女表现得最为热心。人们在各种神学争论中像凶兽一样猛烈地攻击神甫唆使他们去反对的那些人。极端的无知、最大的轻信、十足的糊涂和狂热的幻想——这样就产生笃信宗教的人、狂信者和圣徒。怎么能够启发那些一心要指导他们却不让他们进行任何智力劳动的人的智慧呢？虔信者和人民在自己的牧师手上变成了一部他们可以随心所欲地控制的自动机。

139　所谓存在真正的宗教的说法是极其荒谬的，这种说法是政府动荡的根源

宗教是一个习惯和时尚问题；应当像大家一样行动。从世界上已知的全部宗教中选择哪一种宗教呢？……这种选择会是极其困难的，而且需要花费大量的时间；因此必须接受父辈的宗教，即接受国内宣传的和国王同意的宗教，因为这种宗教有实力作后盾，所以当然应当是最好的。个别人和整个民族选择哪一种宗教纯粹是偶然的事情；如果法国人的祖先当时没有击退萨拉森人[①]的入侵，他们今天就不会是基督教徒，而会是正统的伊斯兰教徒。

如果我们对神灵在我们这个世界所发生的各种事件和变迁上的意图作过判断，我们就不得不认为它完全一视同仁地对待世间所宣传的各种不同的宗教。几千年以来，地球上曾经是异教、多神

---

① 萨拉森人——古代著作家给最古老的一个阿拉伯部落的称呼；后来基督教的著作家们把这个名称泛用于所有一般的阿拉伯人和伊斯兰教徒。霍尔巴赫所谓法国人的祖先击退了萨拉森人的进攻是指 8 世纪时以卡尔·马德为首的法兰克人反击侵入南高卢的阿拉伯人说的；波亚叠一役(732 年)，法国人获胜，战争遂结束。——俄译本注

教和偶像崇拜占统治地位；在我们今天，人们都确信，整个这段时期中最繁荣的民族对于人类似乎如此需要的神灵并没有任何观念。基督教徒认为，除了犹太人以外，即除了一小撮备受压迫的人们以外，全人类在自己对神灵的义务方面仍然处于最令人失望的无知状态中，并且对神灵的伟大抱着最亵渎的看法。导源于犹太教而在其形成时期以极端柔顺为特色的基督教，通过信奉基督教的皇帝的统治，变成了一种强大而且残暴的力量，这些皇帝受着神圣的热情的驱使，在自己的版图内，从被蹂躏的异教废墟上，用剑和火确立了基督教。穆罕默德和他的后继者们凭借着天意或者说借助于自己的战无不胜的武器，在短时期内就把基督教从亚洲、非洲甚至欧洲的某些国家里驱逐出去了；从此以后，在这些国家里，福音书就不得不把自己的权利让给可兰经。

许多世纪以来，所有的教派和异端使得各个基督教国家四分五裂。在这些教派和异端中，强者的理由永远是正确的。关于最有拯救力量的宗教的争论永远是由实力和君主的意志来解决的。难道这不会使得我们作出结论说，不是神灵对人类宣传什么宗教漠不关心，就是这个神灵永远同情世俗当局所属意的那些教理，而且一旦君主认为必须改变宗教信仰，它就准备改变自己的同情么？

马卡萨小王国[①]有个国王对偶像崇拜感到了厌倦，忽而想改奉其他信仰。御前会议对于召请基督教神学家还是召请伊斯兰教神学家这个问题进行了长期的讨论。会议认为不可能确定这

① 指早在17世纪即已存在于（印度尼西亚的）苏拉威西岛上的马卡萨王国。——俄译本注

两种教理中谁优谁劣，于是决定同时邀请两种宗教的传教士，并且接受最初来到的那些人的教条；谁也不怀疑御风而行的上帝正是用这种方式表示自己的意志。因为伊斯兰教传教士的动作更加迅速一点，于是这位国王就和自己的人民一起接受了伊斯兰教；基督教的传教士空手而返，他们把过错归于自己的上帝没有让他们及时到达。[①] 由是观之，上帝承认纯粹偶然的情况决定了一个民族之选择这种宗教或那种宗教。

一个民族对宗教的选择永远是由它的统治者决定的。国王所信奉的那个宗教永远是真正的宗教；国王命令崇拜的那个上帝永远是真正的上帝；因此，指导国王的僧侣的意志也就永远是上帝自己的意志。某个诙谐家正确地指出过："国王和刽子手所支持的那个宗教永远是真正的宗教。"皇帝和刽子手们曾经在漫长的时期保卫了和基督教的上帝对立的罗马诸神；但是当基督教的上帝把皇帝及其士兵和刽子手拉到自己方面来以后，它就取消了对罗马诸神的崇拜。穆罕默德的上帝又顺利地把基督教的上帝从大部分先前信奉基督教的国家里驱逐出去了。

亚洲东部有一个幅员辽阔、经济繁荣、物产丰富的国家，这里的人口十分稠密，这里行使的法律是如此英明，连最野蛮的侵略者也恭恭敬敬地效法他们。这个国家就是中国。除了被当作极其危险的宗教教理而从中国驱逐出去的基督教以外，住在这个国家里的所有民族都可以信奉他们所选择的任何一种宗教；早已不再相

---

① 参看《马卡萨王国史述》(Description historique du royaume de Macassar)，巴黎，1688。——著者注

信民间宗教教理的满大人及其吏佐只是注意不让佛教和尚或神甫们利用宗教来破坏社会安宁。在这种情况下我们不能说，上帝没有把自己的恩典给予其统治者不大关心于崇拜这上帝的人民；恰恰相反，中国人享受的幸福和安宁是值得其他许多四分五裂、备受精神痛苦，并且常常为宗教问题而诉诸武力的民族羡慕的。

用健全的推理和论据迫使人民放弃谬见是不可能的，但是可以治疗统治人民并且有可能防止民众骚乱所引起的各种危险的那些人的狂妄。迷信得到国王和士兵的支持，它就是可怕的；那时迷信就会导致残酷行为和流血事件。任何统治者只要保卫某一个教派或宗教组织，则对于信奉其他一切教理的人来说，这个统治者通常就会变成暴君，同时他自己也会残酷可怕地破坏自己国家的安宁。

140 道德和美德是不需要宗教的

人们反复不断地对我们说（许多思想健全的人也或迟或早地开始相信这点）：宗教对人们起节制作用；没有宗教人民就会失去精神约束力；宗教同道德和美德有密切的联系。人们对我们说："对上帝的恐惧是智慧的开始。对来世苦难的恐惧是一种有拯救意义的、控制人们情欲和恶习的恐惧。"

只要用没有成见的眼光仔细观察一下最热心于信奉宗教的民族的道德，就可以否定宗教观念的有益性。我们看到，统治这些民族的是有虚荣心的暴君，他们的周围都是作为压迫者的内阁大臣、阴险的御前官吏、人数众多的贪污分子、心术不正的官僚、高利贷者、伪善之徒、通奸者、贪淫好色者、卖淫妇、各色各样的小偷和骗子，尽管这些人绝不怀疑复仇的和惩罚的上帝的存在，也不怀疑地狱的苦难以及天堂的快乐。

至高者的信徒们根本不考虑人们的利益，千方百计地使自己的追随者对死亡产生一种无法克制的恐惧。如果最虔诚的基督教徒是始终一贯的，他们整个一生都应当在眼泪中过日子，而且在临终的一刻应当感到极度的惊慌不安。人们时刻都向不幸的人反复地说什么“在生的人落到上帝手里是可怕的”，什么“应当用恐惧和战栗的心情祈求上帝拯救”！对于这些不幸的人来说，有什么东西能够比死亡更加可怕啊！同时，人们还要我们相信，死亡会给基督教徒带来无限的慰藉，这种慰藉是不信宗教的人所没有的。人们对我们说，一切真正的基督教徒至死都坚定地把希望寄托在他力求得到的永恒快乐上面。但是这种坚定的希望在严峻的上帝的心目中是不是一种犯罪性的过于自信呢？要知道，甚至是最伟大的圣徒都不能知道，他们应当爱神还是应当恨神？神甫们之所以拿对天堂快乐的希望来安慰我们，其目的在于迫使我们忘记地狱的苦难！你们看到自己的名字写在生命簿上岂不是神恩么？

141　宗教无力遏制人的情欲

把模糊不清的和谁也不理解的关于某个形而上学的上帝的观念，把难以置信的地狱惩罚和人所不知的天堂快乐，跟人的情欲和切身利益对立起来，——这难道不等于用虚幻的武器来反对实在的罪恶么？人们关于自己的上帝只有最混乱的观念；可以说他们永远是通过迷蒙的烟雾来看上帝的；他们有意作恶的时候是绝对不会想起上帝的；无论是上帝，或者是上帝的威吓和允诺都绝不会阻止人不受虚荣心理、自私观念或贪求享受的愿望的支配。地球上的一切事物在人看来是最可靠的，任何即使是最狂热的信仰也不能使彼岸世界具有这种可靠性。

一切宗教当其刚产生的时候，似乎可以有效地制止立法者企图使无知人民的理智屈从于自己。正如乳母吓唬孩子以便迫使他们不出声一样，野心家们利用上帝的名字以便使野蛮人有所畏惧；他们用恐怖作手段企图迫使这些野蛮人毫无怨言地忍受他们的暴政。莫非吓唬儿童的纸老虎对成年人也用得着么？成年人早已不相信什么牛头马面了，如果还相信的话，这些牛头马面也很少打扰他，他也不会为这些东西离开既定的道路。

142　名誉是一种比宗教更强大和更合理的约束力

人对他看不见的事物所感到的恐惧不会比对他看得见的事物感到的恐惧更大；没有人会不怕世人的裁判，而更害怕上帝的裁判，因为他亲身直接感受到世人裁判的后果，而对上帝的裁判则只有最混乱的观念。希望受人欢迎，忠于传统，惧怕惹人讥笑和担心人们议论是非——这就是比宗教观念更强大得多的种种动因。难道战士们投入战斗时没有生命危险么，但是由于惧怕蒙受耻辱，他才敢于杀死自己的同类而去忍受永恒的苦难。

最信仰宗教的人对仆人的尊敬常常大于对上帝的尊敬。另一种人一方面坚决相信上帝看见一切，知道一切，而且冥冥中到处存在，另一方面却背地里让自己干出一些如果上帝存在在凡人中间他就绝对不敢做的行为。

甚至自称宗教信仰最深的人的行为往往也表现得好像他们绝对没有任何信仰一样。

143 自然，宗教也不能成为一种约束国王的力量，因为这些国王都是最残酷最腐化的暴君，他们效法上帝的榜样，他们俨然是上帝在地上的代表，他们利用宗教只是为了愚弄和奴役无依无靠的臣民

人们对我们说："让人们保留着随便什么样的上帝观念吧，因为唯有这种观念才能遏制君主的情欲。"但是老实说，难道我们在什么地方见到过自称是上帝在地上的全权代理人的君主什么时候用自己的行为表示过对神灵的恐惧么？如果我们判断了原本在地上的副本的话，我们对这个原本又能有怎样的看法呢？

国王的确把自己称做上帝的代表，称做它在地上的全权代理人。但是，难道对于比这些国王更强大的这个统治者的恐惧曾经使任何一个国王比较善意地关心天意委托他们照管的人民的幸福么？难道似乎在一个不可见的审判者（君主们只应当向这个审判者报告自己的行为）面前所感到的恐惧，曾经使他们变得比较公正比较人道么？难道这曾经限制过他们对臣民生命财产的侵害和对奢侈的渴求吗？难道对神灵的恐惧曾经使他们诚实地对待过自己的义务么？最后还有，难道似乎把统治人民的权利授予君主的上帝，会妨碍这些君主千方百计地虐待自己本来应当加以指导、保卫和监护的人民么？毫无成见地回顾一下现实情况吧，那时你们就会相信，整个地球上的人民是受暴君的统治的，这些暴君利用宗教来更多地愚弄自己的奴隶，使他们呻吟在君主淫佚生活的压迫下，同时君主们都无情地使他们成为满足乖戾的古怪念头的牺牲者。

宗教不但不是约束国王的力量,而且根据宗教的种种原则,君主更得到绝对专制的权力。宗教使君主变成崇拜的对象,同时不准许各国人民起来反对他们的独断专行。宗教解除君主在社会契约方面的种种义务,另一方面又从实际上和精神上束缚受他们压迫的臣民。如果君主——这些地上的神灵——认为自己可以为所欲为,而且把自己的臣民当作满足自己的古怪念头和虚荣心理的卑贱工具看待,那又有什么奇怪呢?

宗教把自然界的统治者变成最残酷、最妄诞、最徇私的暴君,这暴君的古怪念头就是它唯一的法律。所以应当说,地上君主很会模仿自己的天上的原身。宗教的唯一作用到处都一样,这就是愚弄受奴役的人民,使他们的统治者有权随意处置他们的生命和命运。

144 最荒谬、最不可理解和最令人憎恶的权力篡夺的起源,即所谓君权神授的起源。——给君主们的几句明智的忠告

为了打击企图控制君主的、狂妄自大的最高主教的野心,以保证自己的安全,为了保卫自己不受僧侣所挑拨的、轻信而又狂热的人民的侵害,欧洲的许多国王曾经宣布说,他们的权利和王位是上帝亲自授予他们的,他们只应当仅仅向上帝报告自己的活动。既然世俗当局在同教会当局的斗争中总是最后胜利者,于是僧侣不得不承认君权是神授的;因此僧侣给人民灌输一种君权神授的思想,不过为自己保留着一项权利:即有权改变自己在这个问题上的观点以及每当君主的神授权利同僧侣的神授权利背道而驰的时候

有权宣传起义。教会当局和世俗当局之间的休战总是牺牲人民利益的结果;但是神甫们是不顾任何契约的,他们继续为自己的优越地位而斗争。

许多暴君,许多卑鄙的君主——他们玩忽职守和淫佚放荡的行为本来应当不断地受到良心的责备——不但不惧怕上帝,甚至宁愿同这个不可见的和绝对不会反驳他们的审判者打交道,或者说,宁愿同百依百顺并且总是决心和自己的信徒串通一气的审判者打交道,而不愿同自己的臣民打交道;可是极端绝望的人民总有一天终将否认神授的君权。绝望已极的民众将会摆脱屈从地位,并且强迫暴君连同他们神授的权利一起拜倒在人的自然权利面前。

同上帝办交涉比同民众办交涉容易些。君主们对自己的活动只向上帝负责,神甫们则只是自己对自己负责;有一切理由假定,无论君主或神甫对于上帝的宽容态度比对民众的长期忍耐精神抱着更大的信心。

笼络神明并不那么困难,逃避神明的审判比逃避绝望已极的民众的判决要容易得多。

“如果你们取消君主对不可见的和万能的上帝的恐惧,你们又用什么东西来控制他们的情欲呢?”让君主们学会治理自己的人民,让他们学会做一个公正的和尊重人民权利的人;让他们承认,他们应该把自己的权力和伟大归于自己的臣民;让他们认识到,他们首先应该害怕人类的审判,他们应该服从公正的法律,凡是违反这些法律的人都不能不受惩罚;让这些法律平等地适用于弱者和强者,大人物和小人物,君主和他们的臣民。

对神灵的恐惧、宗教、来世生活的可怕景象——这就是用来抵制君主狂热的情欲的形而上学的和超自然的障碍物！这些障碍物究竟对谁不利呢？这个问题是由经验解决的。用宗教抵制暴君的残酷，无异于认为模糊不清、难以捉摸和无法了解的抽象议论会比得到大家纵容的君主的自然倾向更强大有力。

145　宗教对政治是非常有害的；它只会培养出专横独断、腐化堕落的专制君主和百依百顺、不敢反抗的奴隶

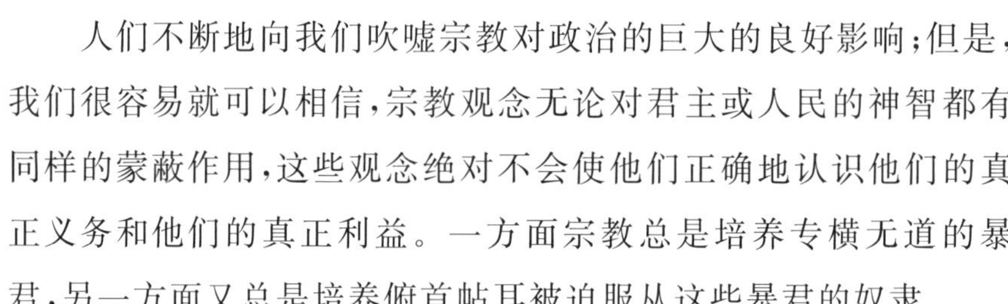

人们不断地向我们吹嘘宗教对政治的巨大的良好影响；但是，我们很容易就可以相信，宗教观念无论对君主或人民的神智都有同样的蒙蔽作用，这些观念绝对不会使他们正确地认识他们的真正义务和他们的真正利益。一方面宗教总是培养专横无道的暴君，另一方面又总是培养俯首帖耳被迫服从这些暴君的奴隶。

君主们并不研究，也不企图认识权力的真正基础、社会目的和社会权利、民众的实在利益和他们相互之间的义务，所以他们几乎全都变成了专横独断、腐化堕落和淫佚放荡的暴君，而他们的臣民则变成了不幸的、凶狠的和卑贱的奴隶。正是为了使自己不用脑筋去考虑这些十分重要的问题，君主们认为最好求助于幻影，不过这些幻影仅仅加深了人类的痛苦，使人类放弃了对他们最重要的任务，此外，迄今都没有任何用处。

压迫着世界上这样多人民的暴虐无道的政治制度，不也是十分明显地最令人信服地证明，对来世生活的恐惧不会给予民众丝毫的影响，以及绝对没有什么关怀人类命运的天意存在么？假使

全善的上帝真正存在，我们岂不要被迫承认它完全轻视（无论这多么奇怪）地球上绝大多数人的命运么？我们可以认为上帝过去之所以创造了全体人民，只是为了使他们变成自己在地上的猖獗的和疯狂的君主手上的玩具。

146 基督教过去之所以得到传播只是因为专制制度庇护了它，和所有的宗教一样，基督教也是专制制度最可靠的保卫者

如果我们追溯历史，我们可以看到，基督教最初是没有任何影响的，经过某个时间以后才在欧洲野蛮的和自由的各个民族中间得到了传播，因为这些民族的首领懂得这种新教理会给专制制度带来怎样的利益，和使他们得到怎样绝对的权力。我们看到，蒙昧的小邦首领们怎样神速地接受了这种教理；他们怎样毫无批判地掌握了助长他们的虚荣心理的这种体系，和不择手段地使自己的臣民改信基督教。如果这种宗教的信徒们从那时起之所以时常也放弃了自己不人道的原则，那只是因为他们的行为仅仅服从于为他们在地上的利益服务的体系。

人们赞扬基督教，说它好像为民众开辟了一条道路通向前所未闻的快乐生活。诚然，希腊人不曾有过关于暴君和他们祖国的掠夺者的神授权利的任何概念。在信奉多神教各民族中间谁也不会设想好像老天爷不愿意人民为了自卫而抵抗凶暴地侵害他们的生命和家畜的猛兽。基督教发明了一种使暴君权利合法化的办法，同时建立了一种主张人民应当放弃自卫的教理。因此，信仰基督教的各民族的基本自然权利就失去了保障，因为自然权利叫人

反抗恶和解除一切威胁人的生命的人的武装！如果教会人士也经常让人民武装起来保卫神的事业，则他们无论如何不允许发生暴动反对实在的恶和明显的暴力行为。

加在人类理性身上的枷锁是在天国锤炼的。为什么伊斯兰教徒到处都处于奴隶地位呢？因为他们的先知用自己上帝的名义奴役了他们，正如它以前的摩西用同样的手段奴役了犹太人一样。

在世界上所有的地方，最初的传教者也就是野蛮民族最初的统治者和最初的祭司，他们使这些民族得到了法律和宗教。

看来，虚构出宗教的唯一目的只在于奴役人民和使人民处于专制政权的统治下。只要民众感到自己在地上的生活太不幸了，人们就会用神灵的愤怒相威胁，强迫他们沉默；人们就会叫他们向上天祷告，其目的在于使他们不注意自己痛苦的真实原因，更不要让他们想起用大自然赋予民众的那些手段同这些原因进行斗争。

147　宗教的唯一目的就是使君主的暴政永远存在，和使各国人民屈从于这些君主

人们不断地告诉民众说：地球不是他们真正的祖国；地上生活只是一个到彼岸生活的过渡阶段；人不是创造出来在这个世界上享受幸福的；君主们是在登极时受过神涂圣油的人，对于所有滥用权力的行为他们只应向上帝报告，因为这权力是上帝给予他们的；反抗君主是上帝所不容许的，——于是僧侣就使暴政和压迫各国人民的现象永恒化了；人民的幸福被当作其统治者利益的牺牲品给出卖了。我们对各种宗教教条和宗教原则研究得越多，我们就越相信它们的唯一目的就在于保卫暴君和僧侣的利益，而损害社

会的利益。

为了掩饰自己冷漠无情的神灵的软弱无能，僧侣顺利地迫使人们相信：民众本身的过错和反抗行为可以激起神灵的怒火。因此人民经常之遭受灾难和不幸，全都只能责怪自己。有时人们也因为自然界的灾变而受痛苦。但是接连不断的灾难的直接造因者通常总是那些卑鄙的统治者，而人民则应该毫无怨言地忍受他们的统治。难道不是皇帝和当朝权贵的虚荣心、他们的不良心术、他们的恶习、他们的压迫通常造成了歉收、破产、战争、瘟疫、世风败坏和一切使土地荒芜的无数惨祸么？

僧侣经常要人们把眼光注视着天国，使他们承认他们的一切痛苦都是神灵愤怒的结果，告诉他们一些毫无用处也毫无益处的办法去反对这些痛苦，僧侣的目的看来只在于不让人们去考虑他们受难的真实原因，以便因此使他们的痛苦永远存在。宗教人士很像赤贫的母亲，她们没有面包，就企图用小调使自己挨饿的孩子睡觉，或者用小玩具转移他们的注意力，使他们忘掉强烈的饥饿。

人们从小就受到谎言的蒙蔽，受到种种无形的偏见的束缚，由于吓人的惨状而失去知觉，由于愚昧而呆若木鸡，在这种情况下，他们是否能够认识自己痛苦的真实原因呢？他们相信只有从上帝那里才能得到帮助。唉！难道他们看不出人们正是借着这个上帝的幌子要他们任凭残忍的暴君去宰割么？他们本可以认出这些暴君是自己灾难的当然祸首，然而他们却不断地替暴君祈祷上帝。

轻信的人民啊！更热心地祈祷，向自己的上帝供献更多的祭品吧；挤满神庙吧，让自己无数的祭品流血吧，吃斋吧，穿着破烂衣衫走来走去吧，痛心疾首吧，终日哭泣吧，最后还有，倾家荡产地让自己的神灵发财致富吧！你们想使上帝发财，其实致富的只是神甫。只有当地上的神灵承认他们也是和你们一样的人并且用应有的态度关怀你们的幸福的时候，天上的神灵才会关心你们。

148　当君主使各国人民受害受苦时，使君主们相信他们除了上帝谁也不怕，是十分危险的

心术不良、追逐虚荣和没有道德的君主是人民受难的真正祸首；无利无义、无休无止的战争使土地荒芜；贪婪暴虐的统治者剥夺民众的天然禀赋；凶暴的朝臣使农民破产，使手工业凋敝，于是就产生歉收、瘟疫、贫困；老天爷既不妨碍也不帮助人民的努力；然而高傲的当权者却很少在什么时候下去了解人类的需要。

有人告诉国王说，即使他们损害自己的臣民和忽视臣民的幸福，他们也只应当畏惧上帝，这种说法对于真正的政治家来说是非常有害的，因为它会败坏君主的道德。君主们！请记住，你们为非作恶的时候，受侮辱的是人民，而不是上帝。如果你们肆无忌惮地进行统治，你们就会损害自己的人民，所以也就是损害自己。

史书告诉我们，信仰宗教的暴君是十分普遍的现象，而仁慈公正的开明君主只是少见的例外。某个国王可以笃信宗教，毕恭毕敬地认真履行一切宗教仪式，可以驯服地执行神甫的意志，对他们表现出十足的容让精神，而同时不能具有任何一点美德，任何一点治民的才干。对于君主来说，宗教只是一种奴役人民的可靠手段。

任何暴君在自己长期统治的年代中只做了一件事，就是压迫臣民，攫取他们的劳动果实，残酷无情地支配他们的命运和生命以便满足其贪得无厌的虚荣心；任何征服者都侵犯过邻国，消灭过整

个的民族，他的一生都是人类真正的祸患，但是根据宗教道德的种种冠冕堂皇的教理，他们全都以为，如果干了这样许多暴行以后哭泣一阵，跪在通常都非常卑鄙非常怯懦的解罪神甫跟前哀求，他们的良心就可以释然于怀，而解罪神甫还会安慰和鼓励这个坏蛋，其实对于这个坏蛋给人类造成的一切灾难很难想出一种足够可怕的办法来惩罚他。

149　笃信宗教的君主是自己国家的祸害

任何真心信仰宗教的君主通常都是极其危险的统治者；轻信总是以思想狭隘为前提；在绝大多数场合下，对宗教的笃信会占有君主的全部注意力，使他无法治理人民。服从神甫们的教导的君主，往往会成为神甫手上的玩物，成为他们的争执的肇事者，成为他们的狂妄行动的工具和同谋者，因为君主认为这种行动具有重大的意义。在宗教送给人类的各种馈赠中最有害的礼物当首推笃信宗教和虔敬神灵的君主：因为这些君主认为，他们在拯救自己的臣民方面的神圣义务就在于折磨他们，并且迫害和消灭所有同君主本身的思想不一致的人。窃据国家领导地位的虔信者是上天愤怒时降给人类的一种最残酷的祸害。任何一个神甫，无论他是狂信者或者简直就是骗子，只要他能够影响轻信然而强大的君主，他就不但可以使全国震动，而且还可以震动整个世界。

几乎在所有的国家里，神甫和虔信者都负担着对今后将治理国家的年轻的王位继承者的心智进行教育的重任。这些教育者会具备怎样的学识呢？鼓舞他们的会是怎样的利益呢？他们本人就是满脑子的偏见，于是把迷信当作世间最神圣最重要的功课教给自己的学生；他们教导学生像对待最神圣的义务一样地对待宗教的义务，把对待异端的不宽容的和残酷的态度看成是他们未来的权力的基础；他们企图使自己的学生变成信仰宗教的党派的未来领袖，变成暴躁不安的狂信者和暴君；他们企图从早年就摧残他的理性；他们教他去反对健全的思想；他们使他不关心真理；他们教他去反对所有才智之士和道德高尚的人，而鼓励他相信那些不道德的和卑鄙的人；最后，他们使他变成智能低弱、对正义或不义，对真正的光荣和真正的伟大没有任何认识的伪君子；他们培养着敌视教育和美德的人，而教育和美德乃是强大国家的首脑十分需要的。简言之，这就是对于预定终将成为千百万人命运的主宰者的那个儿童进行系统的教育的根本内容！

150　宗教不会可靠地保卫暴政躲过人民的愤怒。专制君主是自己戕害自己和濒于灭亡而不自觉的狂人

僧侣阶级历来都是专制制度的帮凶和人民自由的死敌；僧侣这种职业需要绝对不敢进行思考、胆小怕事和百依百顺的奴仆。在绝对君权统治的国家里，只要控制能力薄弱和天分不高的君主的头脑，就可以取得统治人民的权力。神甫并不关怀人们的幸福生活，而是使他们永远受人奴役。

卑鄙的君主为了换取宗教赐给自己的超自然的权利和特权，通常都和僧侣阶级结成同盟，于是僧侣阶级就利用宗教一方面束缚了君主本人，另一方面也控制了君主的臣民们，并且使他们屈服于自己的桎梏。暴君希望宗教保卫他不受命运的一切打击，并用这种希望安慰自己，但是这是徒劳的；宗教无力抵抗绝望的人民的怒潮。而且神甫们只有在同盟对他们有利的时候才会继续做暴君的同盟者；一旦他们认为他们自己创造出来的偶像已经不符合于发出感召的神灵的意志，他们一定率先发动人民叛乱，而且完全消灭这尊偶像，因为这是符合神甫的心意的，并且始终只对神甫有利。

自然，人们会对我们说，如果君主懂得宗教给予他们的一切好处，他们一定会热衷于用一切力量支持这种宗教的。但是，如果宗教信念有利于暴君，则很明显，这些信念一定不利于根据合理的和公正的法律来治理人民的那些人。所谓暴君是什么意思呢？难道君主们果真这样热衷于建立暴政么？难道暴政不会使他们失去真正的权柄、人民的爱戴和对自身安全的信心么？难道每一个君主不该懂得专制者乃是只会自己损害自己的狂人么？难道每一个开明君主不应该提防谄媚者么？这些谄媚者唯一的目的就是按照他们的美意使君主处在极端危险的边缘而不自觉。

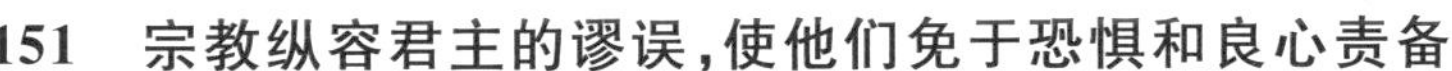

151　宗教纵容君主的谬误，使他们免于恐惧和良心责备

如果神甫能够用谄媚的谎话欺骗君主，并且使他们变成暴君，那么这些暴君又会进而使自己的亲信和人民腐化堕落。不公正的、凶恶的和不道德的专制者除了自己古怪的愿望之外，不知道别的法律，在这种专制者的统治之下，一切民族必然都会腐化堕落。这样的君主不需要正直的、有教养的和有道德的亲信和顾问。他只需要唯唯诺诺、上行下效、奴颜婢膝的谄媚者，投其所好、卑鄙下贱、卖身投靠的暴吏；这种歪风很快就会超出宫廷的范围而传布到

下层中去。在腐化的君主治理的国家里，恶德迟早一定会获得胜利。无怪乎老话说：君主只能使人们做他自己所做的事情。

宗教不仅没有给君主任何约束，反而允许他们肆无忌惮地和心安理得地沉湎于荒淫佚乐的生活，这种生活不但严重地损害他们自身，同时也严重地损害他们治下的全体人民。欺骗百姓是不能逍遥法外的。只要试试对君主说，他是上帝，他很快就会相信他用不着向任何人负责。在他看来，重要的只是别人怕他，而无需乎别人爱他；他认为，早就不存在什么法律了，任何人类的情感都不会把他同臣民联系起来，同时他也不承认对臣民负担任何义务。试向这位君主说，他只应向上帝报告自己的行为，于是他很快就会相信：他不需对任何人报告。

152 何谓开明君主?

这样的君主可以称为开明的：他懂得他的利益在哪里；他知道这些利益同全体人民的利益有着不可分割的联系；他知道当君主统治卑贱的奴隶时，这君主既不可能是伟大的，也不可能是强盛的，既不可能受人爱戴，也不可能受人尊敬；他知道公正、善良和体贴给予他统治人民的权利要比某种虚幻的神灵的全权更实在得多；他意识到宗教仅仅对神甫才有利，而对社会则是完全无益的；他意识到，宗教常常是社会动荡的原因；他意识到，必须限制僧侣阶级的权利，以便防止它的有害影响；最后，这样的君主会承认，如要对荣誉和效忠受之无愧，必须维护善良公正的法律，必须做一个道德高尚的人，而不把自己的权力建立在谎言和幻象的基础上。

153 僧侣的主要恶德和罪行。僧侣利用所谓上帝和宗教的幌子犯罪和纵容自己的恶德

宗教徒竭尽全力使自己的上帝变成危险的、专横的和乖戾的暴君；为了适应僧侣反复无常的自私政策，上帝一定要具备所有这些属性。公正的和全善的上帝、绝对不胡思乱想颠倒黑白的上帝，具有正派人或温柔宽厚的君主那样性格的上帝，一定不会受僧侣的欢迎。神甫们需要使他们的上帝能引起恐怖心理，使人们要求他们帮助、祈祷和支持。

仆人眼内无英雄。难怪神甫用来吓唬别人的上帝他们自己并不害怕，而且对神甫的行为几乎不发生任何影响。因此我们看到，神甫的行径处处都一样；在崇拜上帝的幌子下，他们使人民陷于破产，腐蚀人们的心灵，妨碍启蒙的发展和制造种种纠纷。虚荣和贪婪历来就是僧侣的主要恶德；僧侣处处都把自己放在法律和君主之上；他们处处都只设法满足自己的虚荣、贪婪、复仇的心理和渴求无限权力的欲望；他们处处用赎罪、血祭的宗教礼仪以及只对僧侣有利的圣餐仪式和习俗来代替有益的社会美德。

人类的理性在荒谬的仪式和可笑的礼仪面前表示屈服了，并且感到张皇失措，这些仪式和礼仪是神职人员虚构出来似乎要洗涤罪孽和博取上天对凡人的恩顾的。一个国家流行可以使人得到神灵恩顾的割礼；另一个国家把婴儿的脑袋浸入水中，以便洗净罪孽（虽然他还不可能犯罪）；第三个国家则叫人潜入河中，说河水可以洗涤他的一切污垢；第四个国家禁止食用这种东西或那种东西以免受到上天的惩罚；第五个国家有时强迫有罪孽的人向有更大

罪孽的神甫承认自己的全部过错，如此等等。

154　神甫们的招摇撞骗行为

如果招摇撞骗者们每天在集市广场上大声吹嘘他的能够医治一切疾病的万应灵药，同时我们又确实知道，他们自己正是得了他们建议替别人医治的那些大小疾病，对于这些骗子我们有什么可说呢？如果招摇撞骗者们拼命喊叫说：“请买我们的药吧，药到病除，永不再发，所有的人都适用，除开我们自己！”对于这样的骗子，我们是否能够相信呢？当我们了解到他们一直抱怨他们的药物毫无效用，治不好病时，对于这样的骗子我们又作何感想呢？最后，如果无知的群氓明明知道这种情况，却仍旧用高价购买这些显然没有效用的药物，对群氓的这种愚蠢行为我们又会采取什么态度呢？……神甫们很像招摇撞骗的炼金术士，吹嘘掌握了把一切东西变成金子的秘密，却无法掩饰自己的本来面目。

宗教徒们不断地奢谈世风败坏，公开地埋怨自己的教导毫无成效，同时却又要我们相信，宗教是根除人类遭受的一切罪恶和不幸的**万灵法宝**。这些神甫自己就得了不治之症，但尽管如此，人们仍然继续使用他们的药方，相信连他们自己也承认是谁也医治不了的灵丹圣药！

155　玷辱道德、歪曲人类一切真正观念和一切神圣原则的宗教——是无数灾难的根源

宗教（特别是在我们这个时代）控制了道德以后，就完全歪曲了它的基本原则；它使人们违反社会义务；它驱使人们毫无人性地

对待所有持不同想法的人。争论双方谁都不明白是怎么回事的神学辩论震撼了帝国,引起了革命,杀害了君主,毁灭了整个欧洲;这些可耻的争端甚至让人类血流成河也不能使之停止。在异教消灭以后,各国人民把用极端仇视的态度对待神甫们觉得违反神圣教义的每一个新观点提升为宗教原则。宗教徒们口头上宣传仁慈、一致和和平,一旦教会牧师唆使他们去屠杀邻人的时候,原来比吃人生番还要凶残。没有一桩罪行不是人为了讨好上帝和乞求天上的统治者的怜悯而干下的。

把上帝说成是残酷的专制君主的模样,这种观念必然要使他的臣民也变得残酷起来。恐惧产生奴隶,而奴隶们是胆小的、怯懦的、残酷的,所以一旦要博取严峻的统治者的恩典,避免它的惩罚,他们就认为可以为所欲为了。唯有自由思想才能把人们培养成宽宏大量的和仁慈的。暴君式的上帝的观念则只能产生胆怯的、嫉妒的、泼辣的和偏执的奴隶。

任何宗教都需要一个易怒的、忌妒的、爱报复的、斤斤计较的和对遵守礼节吹毛求疵的上帝;需要一个如此小气,以致人们对它的任何意见都能侮辱它的上帝;需要一个不容许任何地方离开它的信徒们所确立的观点的上帝,——这样的宗教必然会造成混乱、纠纷和流血事件;崇拜这种上帝的人们深信,他们神圣的义务就是敌视甚至消灭所有被他们指控为天主的敌人的那些人;对他们来说,同所有不服从他们上帝的意志的人一起和睦地生活在世界上意味着叛变。况且,爱他们的上帝所恨的人,岂不等于把自己置于上帝的毁灭性的愤怒下么?

敌视人类的虔信者,你们这些卑鄙的压迫者啊!莫非你们从来不懂得宗教歧视会使你们做出怎样狂妄的行为，干下怎样的罪行么？莫非你们不明白一个人之控制自己的宗教信念，这个人之有信仰或无信仰，并不比选择一种他从小就学习而且不能随意改变的语言更自由么？要求一个人的思想和你们一样，岂不等于希望一个外国人必须用你们的语言讲话么？因为一个人的谬误而惩罚他，难道不是意味着因为他所受到的教育和你们不同而处罚他么？如果我不信神，我是否能够把动摇我的信仰的种种理由从自己理性中驱逐出来呢？如果你们的上帝本身曾赋予人们自杀的自由，你们是否应当加以干涉呢？莫非你们比你们的这个上帝（你们如此警惕地保护它的权利）更聪明而且更有远见么？

156 一切宗教都宣传不宽容精神，所以一切宗教都是不人道的

任何信教的人，尽管气质不同，都仇恨、轻视或者怜恤宗教信仰上异己的人。占统治地位的教理（也就是王权和军队支持的教理）总是用最残酷最凌辱的手段压迫较弱的教派。真正的宽容世间是不存在的；人们到处都崇拜唯恐他人觊觎其权力的上帝，而且每一个民族都自认为是这个损害所有其他民族的上帝的唯一的特选者。

每一个民族都认定，唯有他这个民族才崇拜真正的上帝、宇宙主宰和整个自然界的统治者。但是如果仔细看一看这个全世界的主宰，我们就会看到，每一个集团、每一个教派或宗教党派都使这个强大的上帝成为极端无能的统治者，它只关怀和照顾极少数自认为是天恩神惠唯一享有者的臣民，同时所有其余的人却一点也得不到上帝的关怀。

宗教创始人和神甫显然企图利用宗教教理在各民族之间散播敌意和不和；他们希望使自己的教徒群众都有特殊的标记；他们把敌视其他民族的神灵给予了自己的信徒；他们为每一个民族建立了特殊的宗教仪式、特殊的教条、特殊的礼仪；每一种宗教的创始人都力图使自己的特选者相信，其他任何信仰都是亵渎的和有害的。这些爱虚荣的狡猾家伙就用这样一种卑鄙的欺骗手法控制了自己的信徒们的头脑，用不宽容精神教育了他们，并且教他们把所有那些抱有不同信仰和信念的人都看成是被唾弃的和该诅咒的。宗教就是这样培育了残酷心理，并且永远从人的心灵里驱逐了人对同类应当具有的博爱精神和同情感。和蔼、宽容、人道（任何道德体系的这些主要德行）和宗教偏见是绝对不能并容的。

157 国教的弊端

一切占统治地位的宗教都是为了使人变成爱虚荣、乖僻和凶恶的人而建立的；人道精神的首要条件就是让各人都信仰他愿意信仰的那种教理，都抱定他愿意抱定的那些信念。但是这个条件，在掌握着甚至专横地控制人类思想的权力的宗教人士看来，是根本不能接受的。

受迷惑的虔信的君主啊！你们仇视和迫害异端分子，用种种刑讯处罚他们，因为你们信了别人的话，认为这些不幸者是不得上帝欢心的。然而，难道你们自己不是肯定说，你们的上帝是十分仁慈的么？你们打算用什么样的方法使上帝喜欢它绝不能同意的野蛮行径呢？又是谁告诉你们，说你们的牺牲者的信念是不为上帝所中意的呢？你们的神甫。你们究竟有什么保证使这些神甫本身不会犯错误或者不会欺骗你们呢？这些保证也是那些神甫给你们的。君主们啊！你们盲目服从自己的神甫时，你们就是为讨好自己的神灵而做出最可怕的和最明显的犯罪行为！

158　宗教助长各民族的残酷行为和宣扬犯罪行为，它要人相信好像这些行为是符合神灵的天意的

巴斯噶说过："如果人遵循着虚妄的信念，他就绝对不会如此心情舒畅地和如此残酷地为非作恶。"[①]再没有什么东西比使人民逞性妄为和替人民认为最可怕的罪行作辩护的宗教更可怕更危险的了；如果人民认为上帝喜欢极端残酷的行为，如果使他们相信，只要合于神灵天意的需要，一切暴行都能得到法律的承认，人民就会变得残暴起来，无所不用其极。只要事情涉及宗教，最文明的民族就会重新变成为所欲为的野蛮人。同时，在民众看来，他们的残酷行为干得越多，上帝就越会喜欢他们，因为上帝的事业就在于把任何罪行看成是神圣的。

世界上所有的宗教都认可了无数的暴行。受到自己上帝的诺言愚弄的犹太人，自以为有权消灭一大批一大批的人民。罗马人根据自己神灵的预言，像汪达尔人一样侵占了和毁坏了几乎所有的土地。阿拉伯人在其宗教先知的鼓励下，用火和剑强迫基督教徒和异教徒改信了自己的宗教。基督教徒借口传播自己的宗教学说，成百次地使鲜血流遍了两半球。

神甫们教人们在促进他们本身利益和被称为神的事业的一切

① 参看《巴斯噶的思想》第 38 页。——著者注

事件中认识天命。根据这个原则，信仰宗教的人获得的幸福就是在暴动、大规模的屠杀、弑君、暴行、卖淫和罄竹难书的丑闻中看出天命；如果所有这些现象都促进宗教的繁荣，那就是说，所有这些现象都是可以容许的，因为上帝为了达到自己的目的可以不择手段。对于人类道德来说，是否有一种什么想法比所谓强大而且完善的上帝势必要借助种种犯罪行为才能达到自己的目的的说法更加有害呢？

159　对于宗教造成的一切灾难只是人类情欲的悲惨结局这条原理的驳斥

当我们抱怨宗教经常使人类受到各种灾难的时候，立即就会有人要我们相信，所有这些灾难都不是来源于宗教，而是来自人的情欲。敢问是谁挑动了这些情欲呢？非常明显，是宗教；宗教狂信使人变成残酷的，并且驱使他去干最大的罪行。这岂不证明宗教并不会控制人的情欲，它的唯一作用就在于美化情欲和粉饰一切暴行，因此，把人们时常用来掩盖罪行和残酷行为的神圣面罩揭下来是十分有益的么？如果剥夺恶人不断为非作恶时那种种冠冕堂皇的理由，社会该会减少多少惨祸啊！

神甫们不是在人们中间提倡和平，而是自动扮演福利雅*的角色，到处散播不和和敌意。为了使人们在良心上勉强过得去，他们使人们相信，仿佛是老天爷亲自把制造纠纷、暴动和叛乱的权利

* 福利雅（Furia）——古代罗马神话中的一种复仇和惩罚的女神，其貌甚丑而性情凶恶。——译者注

交给了他们似的。难道神甫们不是把君主干涉他们的有害活动的任何企图都看成是对自己神圣权利的侵犯并且妄说这是对神灵尊严的侮辱么？可以拿神甫和某个泼妇相比：当丈夫抓住她的手，不让她殴斗的时候，她就大喊大叫："我要放火！我要杀人！我要掐死！"

160　一切道德都是和宗教原则势不两立的

尽管出于宗教的美意世上才这样频繁地演出种种流血的悲剧，却还是有人反复不断地对我们说，无宗教就不能有任何道德。但是，如果根据宗教教理所造成的结果来判断这些教理，人们就有权肯定说，事情刚好相反，任何道德和宗教信念是不能并容的。

"效法上帝吧！"——我们往往听到这样的叫喊。如果我们效法了上帝，我们的道德就会是好的，这还用说！只不过我们应该效法什么样的上帝呢？莫非效法自然神论者的上帝么？可要知道，即使是这种上帝对我们来说也不能成为美德的始终如一的典型；如果这上帝是一切存在物的创造者，那就是说，它同时是我们在这个世界上所看到的善和恶的来源；如果它是和谐的创造者，同时它也是混乱和毫无秩序的现象的制造者，因为如果没有上帝的允许，这些现象就不会发生；如果它进行创造，那么它也在破坏；如果它使生命出现，那么它也让死亡降临；如果它造成丰饶富足、繁荣昌盛和亲睦和平的景象，那么它也让饥荒、贫穷、疾病和战争存在或者流行。怎么可以把自然神论者的上帝或自然宗教的上帝当作不变的仁慈的典范呢？要知道，这个上帝善良的意图往往被我们眼前发生的一切事件所否定。道德应该建立在比较坚固的基础上，而不应当以上帝做榜样,因为上帝的行为是极不一贯的,只有顽固地闭起眼睛,不看上帝在这个世界上必然造成或认可的一切罪恶,才能称它是善良的。

我们效法丘比特这个古代异教最伟大最仁慈的上帝吗?但是效法这样的上帝无异于效法篡夺父王的宝座然后又使自己的父母变成残废的逆子的榜样;这无异于效法大肆通奸乱伦、极其腐化堕落的人,这种人的行为可以使所有思想健全的凡人感到羞耻。如果人们依据柏拉图[①]的意见以为美德在于效法神灵,然则在异教时代他们又何所适从呢?

我们是否应当效法犹太人的上帝呢?我们是否可以把耶和华当作行为的标准呢?但这是替笨拙无知、没有道德的人民创造的真正的野蛮人;这个上帝总是愤恨不已,时刻思图报复,不承认任何怜悯心和同情心;它不断地要求屠杀、抢劫、争夺;总而言之,这个上帝绝不能成为正派人的榜样,而只适于作匪帮头目的表率。

也许我们应当模仿基督教徒的上帝耶稣么?这个为了安慰铁面无情的父亲而死去的上帝是否可以成为受人尊敬的榜样呢?不然!这个上帝,或者直率些说,这个本身就备受压迫、过着卑贱的叛徒生活和在赤贫的群氓中间进行传教的狂信者和厌世者,劝告我们追求贫困,戒除肉欲,避免享受,寻求痛苦,敌视自己;这个上帝叫人遗弃父母、亲属、朋友,而去跟随他。你们说:这就是道德之

① 柏拉图(公元前427—347年),古希腊唯心主义哲学家。他把现实的物质世界同彼岸的理念对立起来,认为理念是事物的原型,对事物是第一性的。在柏拉图那里,最高理念是神性造物者、宇宙创造者理念。——俄译本注

所在！这样的道德当然是美妙的；而且它当然是神圣的，因为它对人根本没有用处。建立这种道德的目的岂不是只在于叫我们仇视美德么？在神人同体的这种基督教道德看来，它的信奉者应该在这个世界上做一个真正的丹塔尔[①]：丹塔尔虽然渴得难受，却不允许他饮水。这样的道德难道不会使我们对自然界的这个创造者产生一种极其奇特的看法么？如果像人们告诉我们的那样，造物主是为了自己创造物的利益和幸福才创造万物的，然则这个造物主之所以禁止人们享受它为人们创造的那些幸福又是出于怎样一种不可理解的古怪念头呢？莫非给软弱的人设下圈套是阴险的上帝一贯追求的幸福么？

161 福音道德是无法履行的

信奉基督的人显然是想使我们相信，他们的宗教遍布全世界是一种奇迹，一切违反我们心灵的本性和倾向、敌视所有尘世快乐的现象也是奇迹。但是应当记住，任何宗教教理的严峻训条都只会使这教理在群氓心目中变得更加神圣和神奇。人们都有一种把所有不可理解的秘密看成是神圣的和超自然的东西的倾向，这种倾向同时也使得他们把人无法接受和不能实行的道德看成是神圣的和超自然的。

但是对一种道德体系表示赞赏和在生活中实现这种体系乃是有区别的两件事。基督徒不断地吹嘘和赞美福音道德；但是实行

① 丹塔尔——古希腊神话中吕底亚的国王。被宙斯罚以永受饥渴之苦，虽然站在有水的河口和有果实的树下，却不能摘果饮水，遂有“丹塔尔苦难”之谓。——俄译本注

这种道德的只有一小撮圣徒；其他的人虽然崇拜这些圣徒，自己却无意效法他们，其托词是：他们既没有力量也没有天福这样做。

世界上凡是多少流行的宗教道德，都是建立在这样一种信念的基础上：只有在地上真正受苦的人才能得到上帝的欢心。我们在世界各地遇到的苦行修士、遁世者、托钵僧、狂信者，显然都在神的名义下仔细研究过自我虐待的一切方式，所有这些崇拜神的人都一致赞扬它的仁慈！宗教本质上是敌视人的快乐和幸福生活的。穷困的人是有福的！悲哀的人是有福的！受苦的人是有福的！让生活丰足愉快的人悲哀吧！这就是基督教公开宣布的那些少有的发现！

162　由圣徒组成社会，那是不可能的

在所有的宗教看来，何谓圣徒呢？这是做祷告，斋戒素食，自我虐待，逃避红尘的人；这种人像猫头鹰一样只有在单独生活的时候才舒服自在，他拒绝一切使人得到快乐的事物，好像一刻不进行狂热的深刻的自省，就会有什么东西威吓他似的。这样的人可以算做有美德的吗？这样的人会给自己或别人带来好处吗？如果我们每个人都纷纷产生了做圣徒的狂妄的意愿，难道社会不会分崩离析，而人们不会重新回到野蛮状态中去么？

十分清楚，严格不渝地执行基督教教理的道德训条，一定会招致人类的灭亡。追求完善性的基督教徒会排除一切使他离开真正祖国——即天国的事物。在这种人看来，尘世生活处处都是陷阱、诱惑和致死的根由；他会害怕和他的信条对立的科学；他会放弃一切足以发财致富因而使人不能得到拯救的有益活动；他会拒绝职位和荣誉,因为职位和荣誉能够鼓励他追求功名,却不使他想到灵魂和关怀灵魂;总而言之,如果基督的神圣道德也适用于生活,那么它就会割断一切社会联系。

圣徒在社会上是无益的,犹如圣徒处在荒无人迹的地方之为无益一样;他在自己周围散布一种气氛,使人感到悲哀、不满,而且常常是使人感到愤慨;宗教狂热驱使他振振有词地利用传播他的信念或幻想(由于自己的虚荣心,他认为这些信念和幻想乃是神灵感示的)来破坏社会安宁。整个宗教史上都充满着关于圣徒的传闻,这些圣徒的特点是极其乖僻、偏执和不安分,他们之所以出名是由于他们为了神的更大光荣在地上干出了种种暴行。如果圣徒在荒无人烟的地方只是无益的,则在社会上简直就是危险的。

希望扮演头面人物的虚荣观念,企图用残暴行为取得无知人民赞扬的坚决志向——这就是绝大多数著名圣徒的特点;骄傲自大使他们认为:他们是不平凡的人,远比普通人优越;他们是一种比所有其他人更完善的存在物;他们都是特选者,因为上帝对待他们比对待所有其余的凡人更加宽厚;圣徒的自卑感通常也只是一种骄傲自大,不过比别人的更精致些罢了。唯有虚荣心才会促使人不断地反对自己的本性!

163 人的本性不是恶的;违反这种本性的道德不是为人创造的

违反人性的道德不是给人创造的。你们会反驳说,人的本性曾经颠倒了。这种所谓颠倒究竟在什么地方呢?是不是在于人有情欲呢？但是难道情欲不是人固有的么？难道人不应当寻找、希望、热爱他认为会促进他的幸福的一切事物么？难道他不应当害怕和避开他认为不利于或有害于本身的一切事物么？把他的情欲引导到有益的目的上去吧；依据这些目的来安排他的幸福吧；用明白合理的道理使他抛弃一切危害他本身或者危害他人的事物吧，这样你们就会使人变成有理性的和善良的存在物。没有情欲的人无论对恶德或美德都是漠然无动于衷的。

可敬的神学家啊！你们反复不倦地向我们说，人性颠倒了；你们到处都大声说，任何肉欲都使人误入歧途；你们硬说，人的本性只会使人接受不贞洁的倾向。在这种情形下，你们就是责备你们的上帝未能或不愿意使人的这种本性保持其原始的完善性。如果人的本性颠倒了，为什么你们的上帝不曾去改正它呢？所有的基督教徒都肯定说，人的本性被上帝（这上帝使人的本性恢复到原始的贞洁）的死亡所纯化了。我回答说，既然如此，为什么在上帝死去以后人的本性还是（用你们的话说）不贞洁的呢？是不是说你们的上帝白白地牺牲了生命？如果魔鬼一直保持着（用你们自己的话说）它在这个世界上始终拥有的权力，然则上帝的万能和上帝之战胜魔鬼又有什么意义呢？

根据基督教神学家的学说，死亡是对原始罪孽的赎偿。这种观点完全符合于某些野蛮民族和未开化民族的宗教信仰；他们以为人的死永远是神灵愤怒的超自然的结果。基督教徒坚决相信，基督使他们摆脱了罪孽，同时他们不能不看到一切宗教的信徒（包括基督教徒在内）都不免一死。说耶稣基督使我们摆脱了罪孽，岂不等于说某个什么法官在宽恕有罪的人以后立即处他以死刑么？

164 关于耶稣基督这个神甫们的上帝

如果我们闭起眼睛不看世界上发生的一切事情，而希望信赖最初创立基督教的人们的报道，我们本来应当相信他们神圣的救世主的降临使人类道德发生了最不平凡的革命和彻底的改造。巴斯噶说过："救世主本来应当创造由圣徒和特选者组成的伟大的人民，指导他们，关怀他们，把他们安置在一个最快乐最光荣的地方，博取神灵的恩典，使这地方变成神的殿堂，把他们从神灵的愤怒中拯救出来，使他们摆脱罪孽的桎梏，为这个人民颁布新的法规，为了这个人民自己给上帝去作牺牲，粉碎引诱人的蛇等等。"[①]不过在这里，巴斯噶忘记了向我们指出一个人民，神圣的救世主曾经对之制造了如此热情洋溢地加以描写的上述一切奇迹；显然，世界上至今还没有过这样的人民。

只要看一下各个信仰基督教的民族的道德，听一下他们的神甫的申诉，就可以相信：他们的上帝即耶稣基督的说教始终是没有成效的，基督的死亡原来是无益的；它的万能的意志至今都遇到上帝无法克服或不愿加以克服的人们的反抗。这位神圣导师的道德虽然引起他的弟子们的狂喜，但是他们却无法履行，一百年间也不过找到五六个无知者、狂信者和不学无术的修士真正奉行这种道德，唯有他们才配得到天国的光荣和快乐生活；而其余所有的凡人，虽然有赎罪者为他们流血牺牲，却注定要忍受永恒的地狱苦难。

---

① 参看《巴斯噶的思想》第15页。——著者注

165 赎罪的教条是根据僧侣的利益虚构的

当人不得不犯罪的时候，他不会想到上帝。不过无论他犯了什么罪，他总是安慰自己，说上帝会减轻对他的判决。没有一个凡人会真正相信，他的行为会招致永恒的死亡。虽说他也害怕这个常常使得他吓得发抖的可怖的上帝，但只要他受到强烈的引诱，他还是会向诱惑屈服，然后才想到仁慈的上帝，并且拿这一点来安慰自己。人做了坏事以后总是认为，还来得及改恶从善，还来得及忏悔。

宗教随时都有安慰良心的种种最可靠的药方；神甫们掌握着使上帝发慈悲的奇迹般的秘密。但是如果祷告、血祭和忏悔的誓言真正可以使上帝发慈悲，则这完全不是意味着宗教可以遏制人类的恶行；问题简单得多；人们先去犯罪，然后再想方设法求上帝发慈悲。任何宣传忏悔和宽恕罪孽的宗教，如果也使得某种人不犯罪，则这些人只是少有的例外；恰好相反，宗教倒是鼓励绝大多数人为非作恶。

尽管世界上所有宗教中的上帝具有不变性，却原来是真正的普罗丢斯[①]。神甫们时而说它森严冷酷，时而说它充满着仁慈宽厚的心肠；时而说它残忍无情，时而说它很容易受到罪人忏悔的眼泪的感动。所以，在凡人的想象中神灵是具有在一定的时候大多会给他们方便的那些特性的。永远生气的上帝会引起自

① 普罗丢斯——古希腊的海神；据说它能够变化；其转义是指在观点、行为等方面以首尾不一贯为特色的人。——俄译本注

己的崇拜者的反感，甚或使他们陷于绝望。人们需要上帝轮流地表示恼怒和安抚；如果上帝的愤怒使胆怯的人恐惧，则它的仁慈就会使不可救药的坏蛋得到鼓舞，同时这些坏蛋自己也指望他们迟早会和上帝言归于好；如果神灵的审判使另一些怯懦的虔信者恐惧（否则从这些虔信者的性格和习惯看来，他们就会公开犯罪），则神灵的仁慈的无尽宝藏就会使罪大恶极者受到鼓舞，他们会不断地指望，和其他的人一起他们也有权从这个宝藏中得到一份。

166 对神灵的恐惧无力抵抗人的情欲

绝大多数人很少想到上帝，在任何场合下都很少注意它。上帝观念是十分模糊不清，也不能给人安慰，所以它们也许只能多少长久地控制着在我们这个世界的居民中占少数的忧郁颓丧的幻想者的想象。普通人民对上帝观念是什么也不懂得的；脑筋迟钝的人对付不了这个概念。做生意的只考虑自己的买卖；廷臣只考虑如何玩弄阴谋；世俗的人、妇女、青年只考虑如何寻欢作乐；闲逸的生活很快就会从他们的记忆中把枯燥无味的宗教观念赶走。野心家、守财奴、淫佚者很容易就可以摒弃无力和他们的情欲对抗的种种议论。

关于上帝的思想会使谁恐惧呢？使少数胆小怕事、忧郁不欢和生活失望的人恐惧，这些人的情欲不知是因为年龄关系，还是由于疾病或命运的打击而衰退了。宗教对性格畸形发展或被生活环境弄得萎靡不振的人来说才是一种束缚。对上帝的恐惧只会阻止不能强烈地欲望或者已经没有犯罪能力的那些人去犯罪。

使人们相信神灵会惩罚尘世上的罪孽,无异于肯定时时都被经验推翻的事情。世界上通常是受到命运宠爱的那些最坏的人得到胜利。把我们打发到另一世界去验证神灵正义的裁判,无异于企图用随意虚构和主观推测的东西去反对毋庸置疑的实在事物。

167 发明地狱来对付恶是荒唐透顶的

当一个人十分留恋地上生活时,谁也不会想到另一种生活。从热恋的多情男子看来,情妇的偎依会使地狱的火焰黯然失色,她迷人的春色会使他忘记天堂的极乐。妇女啊!你们说,为了上帝你们会抛弃自己的情人!这只是说,你们的情人在你们的心目中已经失去了自己往日那些动人的特色,不然就是他本人已经把你们遗弃了,因此你们必须有某种东西来填补灵魂里的空虚。

无怪乎野心家、淫佚者、毫无道德的歹徒居然会信仰宗教,有时还表现出最强烈的虔诚态度;如果他们不实行宗教的一些要求,他们无论如何会答应自己总有一天要遵循宗教的教导,并且随时把宗教当作一种消灾免祸的手段保存下来,因为他们迟早必须利用这些手段安慰自己的良心,不为他们早已蓄谋干出来的那一切罪恶所干扰。同时,既然神甫和虔信者组成一个人数极多的、活跃的和强大的政党,则狡猾者和骗子手为了达到自己的目的而巴结他们,那是毫不奇怪的。自然有人会反驳我们说,许多正派人都真诚无私地宣传宗教。但是难道可以断定正直的灵魂和明白的思想总是在一起么?

有人向我们援引许多学者和才智之士为证,说他们都是深信宗教的。这不过是证明，才智之士可以有偏见，可以成为胆小鬼，也可以具有引诱他们走上错误道路和不让他们冷静地和合理地弄清楚某些问题的想象力。以巴斯噶为例，这只证明，在这位天才人物的心灵里可以有一隅之地为狂妄所盘踞，只要这位天才人物抱有迷信，他就会变得幼稚可笑。巴斯噶自己就说过："理智可以是强大的和狭隘的，全面的和弱小的。"[①]在这句话的前面不远，他还肯定地说过："可以具有健全的思想，而不能同等地把它应用到一切事物上去，因为有一些人能够正确地判断一些事物，而在其他方面却茫无所知。"

168　专为僧侣的利益而虚构的宗教道德和宗教美德的荒谬性

在神学看来，何谓美德呢？人们对我们说："这就是人的行为符合上帝的意志。"但是何谓上帝呢？这是谁也不能明白、因此各人都可以按自己的意思去了解的存在物。而何谓上帝的意志呢？这是仿佛看见过上帝或者得到过它的启示的那些人当作是上帝的意志而颁布出来的命令。这些人又是谁呢？这就是那些不能凭空相信的狂信者、狡猾的骗子或野心家。

根据各人随意设想或任意描绘的上帝来建立道德，根据各人都按照自己的性格和利益而创造的上帝来建立道德，无异于根据人的古怪念头和狂妄想法建立道德，无异于根据自以为唯一崇拜的真正的上帝和否定其他一切教理的某个宗派、政党或集团的种

① 参看《巴斯噶的思想》第 31 页。——著者注

种虚构观念来确立道德。

根据上帝的意志建立道德和人类行为规则，无异于根据那些自行解释上帝的话并不怕被人揭穿谎言的那些人的意志、幻想和自私心理来建立道德。在任何宗教里，都有一些神甫有权决定上帝喜欢什么和不喜欢什么；可以确信，神灵的意志一定是符合这些神甫本人的愿望的。

世界上所有的宗教建立教条、仪式、道德和美德，显然都是从扩大宗教创始人和宗教人士的权力和巩固他们的福利的角度来考虑的；宗教教条是暧昧的、不可理解的和可怖的，因此很容易影响普通人的想象，并且使这些人服从希望统治他们的人；宗教仪式和典礼使神甫们发财致富和得到尊荣；宗教的道德和美德在于无条件的信仰和禁止一切思考，在于真诚的妄自菲薄，因为这种自卑感会保证神甫们得到他们的信徒群众盲目的顺从，最后还在于对宗教事务热情的虔诚心，即在于对这些神甫的利益的效忠。总之，一切宗教美德的目的显然只在于扩大宗教人士的利益。

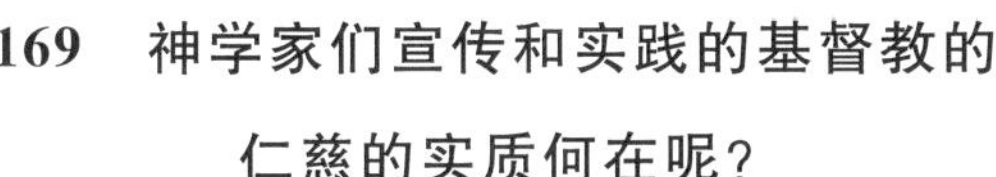

169　神学家们宣传和实践的基督教的仁慈的实质何在呢?

如果神学家们因为他们的神学道德徒劳无益而受到责备，他们就会傲慢地称赞仁慈，即称赞被看成是基督教主要训条之一的那种对邻人的爱。但是可惜！宗教人士所说的这种声名狼藉的仁慈的实质是什么呢？请问问他们：如果这个邻人是无神论者、异端分子、不信教者，这就是说，如果他不赞成他们的信念，是否有必要爱这个邻人并且对他行善呢？请问问他们：是否应当宽厚地对待跟他们所宣扬的宗教相反的教理呢？请问，他们的大主教是否应该向所有那些误入迷途的人表示宽容的态度呢？他们的全部仁慈很快就会烟消云散；占统治地位的宗教的信奉者会回答你们说："国王的宝剑应当为至高者的事业服务"；他们会说，根据对邻人的同样的爱，就必须迫害他们，把他们关进监狱，驱逐出境，用火烧死。你们只会在那些本身就受到压迫的少数神甫身上遇到容忍精神，而一旦这些神甫自己有可能迫害他人时，他们就会忘记基督教的仁慈。

基督教教理在刚刚诞生的时期，是在赤贫的和备受压迫的人中间进行宣传的，它千方百计地鼓励布施，说它是仁慈的一种表现；在伊斯兰教中也有这样一种训条。比济贫救苦，使无衣者穿上衣服，向所有需要他帮助的人伸出救援之手更加人道的事情当然是不会有的。但是预见人类的贫困并且不让这种贫困出现难道不更加人道更加仁慈么？如果宗教不把君主们当作崇拜的对象，而是教育他们尊重自己臣民的财产，用行事公道和尊重法制的精神指导他们，我们就不会在任何一个国家里看见如此众多的穷人。贪婪的、不公道的、暴虐的政府使贫困的现象日趋严重；沉重的赋税造成绝望、懒惰、穷困的现象。这些现象本身又促使盗贼滋炽，凶杀盛行，种种罪行层出不穷。如果君主比较人道、仁慈和公正，他们的国家就不会有这样多不幸的和无辜的人，以致连帮助他们都不可能。

在基督教和伊斯兰教诸国，有许多极好的、设备完善的医院，用来宣扬那些主办这种事业的君主和苏丹虔诚的仁慈心。但是，合理地治理各国人民，关心他们的福利和收入，发展和鼓励手工业

和商业，并且使人们有可能满怀信心和悠闲安逸地享受自己的劳动果实，难道不会比用专制政体的枷锁扼杀他们，用毫无意义的战争摧毁他们的经济，和使他们倾家荡产地满足自己狂妄的奢侈要求，然后修造一些只能收容极少数不幸的人的雄伟建筑物更加人道吗？宗教美德不过是宗教曾经从民众身上搜刮去的那大宗财富的一点点零头；宗教不是预防痛苦，它只是宣扬用一些无用的药物医治痛苦。

宗教人士总是善于从别人的不幸中取得利益；社会发生灾难，可以说这就是他们最如意的环境；他们到处领导了社会救济事业，他们主持了施舍物的分配，种种慈善事业都集中在他们的手上；因之他们过去总是扩大和巩固自己对不幸的人的统治权，这些人在任何社会中通常都是人数最多的、最不安定的和最易暴动的。总之，对于神职人士来说，最大的灾难却是有利可图的。

基督教神甫们对我们说，他们所有的财富都是穷人的财产，因此据说这些财富都是神圣不可侵犯的；君主和人民就根据这种说法力求把似乎预定要用于慈善事业的土地、收入、宝物集中到僧侣手中去。我们的教会牧师变成了强大的统治者，他们不顾人民经济的破产，享受着本来应该由不幸者享受的财富；这些不幸者不但不抱怨，反而赞扬那种使教会发财致富，而只是稍微改善穷人命运的所谓慷慨行为。

依据基督教的原则，贫困本身已经是一种美德；君主和神甫们叫自己的奴隶恪守不渝的也正是这种美德。在这些观念的影响下，许多信仰基督教的人自动放弃了尘世的暂时幸福，将自己的财富分给了穷人，隐居在荒无人迹的地方，自愿在那里度过贫苦的生活。但是这种热情，这种超自然的追求贫困的嗜好，很快就让位于自然的需要。这些志愿的贫穷者的后裔拿自己在上帝面前祈祷和有效的求情作为向虔信宗教的人民索取的手段；他们变成了有钱有势的人；这样一来修道士和遁世者就得到了过悠闲生活的条件，而在仁慈的幌子下厚颜无耻地吞并穷人的财产。

在宗教看来，精神的贫困始终具有巨大的意义。任何宗教的基本美德，即最有利于宗教人士的美德，就是信仰。信仰在于：不经过思考就接受解释天意的人的一些教导，因为他们可以从对自己的盲目信仰中得到利益。神甫们利用这种能生奇效的美德，变成了绝对正确的审判者，他们有权确定什么是正确和什么是错误，什么是善，什么是恶；他们毫不费力就可以驱使民众为他们的利益去犯罪。由此可见，盲目信仰乃是世上最大的暴行的根源。

170 忏悔——僧侣的金窖——破坏了道德的真正基础

第一个对人们说，任何对邻人做了坏事的人，都应该请求上帝的宽恕，用馈赠求它表示同情，向它供献祭品，说这样话的人显然从根本上破坏了基本道德原则。要知道按照这样的观念，人们都以为，像地上的帝王一样，天上的帝王也是允许不公道的和罪恶的行为的，即使干了坏事也可以得到它的宽恕。

任何道德都是以地上全体人类的交往、需要和经常的利益为基础的；至于人和上帝之间的联系，不是我们一无所知，就是这种联系本身完全是虚构的。宗教在上帝和人们之间建立了联系，所以明显地削弱了，再不然就是完全破坏了把人们互相联结起来的纽带；凡人们都以为，只要他们给似乎有权多方欺负自己的创造物的那个万能的存在物补以适当的报偿，就可以为所欲为地互相损害。

如果能够使坏人相信，有一种不可见的东西存在，这个存在物有权宽恕不公正的、凶暴的和背信弃义的行为以及坏人能够给社会造成的那一切损害行为，那么是否可以找到一种鼓励和促使坏人犯罪的方式比这更好呢？我们看到，最腐化堕落的人在这样一些十分有害的观念的鼓励下怎样大胆地犯下滔天罪行，因为他们完全相信，只要他们恳求神灵大发慈悲，就可以赎回罪恶；只要某个神甫使他们相信，根本无益于社会的真诚忏悔可以消除上天的愤怒，他们的良心就会感到满足；如果他们同意为了赎偿自己的罪行而和神职人员分享自己用抢劫、掠夺和暴行得来的赃物，这个神甫是会以上帝的名义安慰他们的。

以宗教为基础的道德必然会从属于宗教。根据虔信者的观念，上帝应当对它的创造物有所偏爱，它首先应当听虔信者的话，而不应当听民众的话。天国统治者的利益应当高于渺小的凡人的利益。而天主的利益和它的奉侍者的利益显然是一致的；由此必然可以得出结论说：在每一种宗教中，僧侣都借口要保护神灵的利益和造物主的光荣，有权使人不去实行合乎人性的道德要求，因为这些要求不符合这个上帝加在人身上的种种义务。同时，难道有权宽恕犯罪行为的人无权再鼓励犯罪么？

171　对道德来说根本不需要假定上帝存在

人们反复不断地对我们说：没有上帝就不可能有任何道德义务；对于所有的人来说，甚至对于君主来说，必须有一个十分强大的立法者为他们规定行为的规则。但是道德义务是以法律的存在为前提的;法律的产生来自事物互相间永恒的和必然的联系;这些联系和上帝的存在没有任何共同点。人的行为规则来源于他自己的本性(这本性是他能够认识的),而不是来源于他丝毫不了解的神灵的本性;这些规则对我们有一种约束力量,换句话说,根据我们服从这些规则或者不实行这些规则,我们就会受到尊敬或轻视,爱戴或仇视,奖励或惩罚。规定人皆不得损害自己的法律,是以任何有灵性的存在物的本性为基础的,而不问他以怎样的方式降生于人间,也不问他在来世的命运如何,这个存在物由于自己的真正本质而不得不求福避祸,爱享受和怕痛苦。规定人皆不得损害他人并得对他人行善的法律,也是以有灵性的存在物的本性为基础的,这些存在物过着社会生活,而且由于自己的本性不得不用轻视的态度对待所有不给他们做任何善事的人和用仇视的态度对待所有损害他们的幸福的人。

不管上帝是否存在,它是否向人们说明过自己的意志,道德义务总是不变的,除非人们丧失他们固有的本性,也就是说,除非他们是没有灵性的存在物。然则,为了理解一切极端的行为显然会给他们造成身败名裂的后果,为了理解只有制止这些极端行为才能保全自己,为了理解只有对他人行善才能得到他人的热爱,以及为了理解任何罪恶都是引起报复和敌对行为的最可靠的方法,难道人们需要某个不可知的上帝或者不可见的立法者么?难道他们需要神秘的宗教、虚幻的恐怖物么?

没有法律的时候也就没有罪孽。再没有比这种论点更错误的了。只要使人成为他现在这个样子,即成为有灵性的存在物,他就有十分足够的能力辨别使他满意的东西和他不喜欢的东西。只要人懂得其他任何人也是像他自己那样有灵性的存在物，他就足可以理解到什么是对他有利的和什么是对他有害的。只要人力求不使自己受到敌视，他就足可以理解，和自己同类的人是他所必需的。总之，对于能够感觉和思想的存在物来说，只要有感觉和思想就足可以理解，他应当怎样对待自己，怎样对待他人。我觉得，而且别人也会像我一样地觉得：这就是一切道德的基础。

172 宗教和宗教道德对人们是极有害的，也是违反人类本性的

要判断某种道德体系的优劣，我们只能根据这种体系在怎样的程度上符合人性。这样比较之后，如果认为这种道德体系损害人的幸福，我们就可以抛弃它。凡是对宗教及其超自然的道德认真思索过的人，凡是对宗教的一切优缺点冷静地权衡过的人，都会相信，宗教和宗教道德对人类是有害的，并且在任何场合下都违反人的本性。

“人民，武装起来！起来保卫天主的事业！上帝受到了侮辱！信仰处在危险中！打倒无神论！打倒亵渎神灵的行为！打倒异端！”神甫们历来就运用人们绝对无法理解的这些可怕词句的神奇力量煽动了人民，推翻了君主，燃起了内战的火焰，号召人民自相攻击。如果我们企图弄清楚引起上天愤怒和造成最大的破坏的那些似乎严正的原因，原来关键在于抱着狂妄幻想和可笑臆造的神学家，或者怀着他那非法的野心的僧侣，破坏了社会的联系，并且使人类淹没在血泊泪海中。

173　宗教和政治的结合对于人民和君主都是极端有害的

当世的掌权者在把上帝请来管理人民以后，就自封为上帝的受涂圣油者及其在地上的代理人，认为自己的权力是神灵授予的，这样当然就一定会使僧侣阶级变成自己的竞争者，或者变成自己的主人。所以，无怪乎僧侣阶级如此经常地利用天上的帝王来压迫地上的帝王。难道这个僧侣阶级没有成千次地告诉过地上君主，说最强大的政权应当屈从于教会信仰的权力么？再没有比同时侍奉两个主人更困难的处境了，如果这两个主人在他们对仆人提出的要求上不能取得一致的意见，处境就会特别困难。

宗教和政治的结合必然会形成国中之国。在这种局面下，神甫解释的神的法律常常违反了国家的法律和利益。当君主手上掌握了稳固的权力，当他们确信自己的臣民会忠心耿耿，神的法律有时就不得不对地上统治者英明的指示让步；但是，最常见的情形是王权屈服于神权，亦即王权适应于僧侣的利益。对于君主说来，再没有比侵犯僧侣的权力更加危险的事情了，也就是说，再没有比企图矫正宗教加以合法化的各种弊端更加危险的事情了。如果神权、神职人员的特权、财富和个人受到侵犯，上帝就会勃然大怒。

只有当所有这些理论符合人们的利益的时候，人们的形而上学捏造或宗教信念才会影响他们的行为。这个真理在许多君主对待他们经常要加以反抗的教会权力所采取的态度上得到最令人信服的证明。难道深信宗教的必要性和权利的君主们不应当衷心认为自己有义务驯服地实行僧侣阶级的命令，承认这些命令是神灵意志的表现么？从前有过一个时候，深信教会权力的优越性的君主或人民都是比较一贯的，他们处处都向僧侣阶级让步，甚至变成了僧侣意志的奴隶和驯服工具；这个“幸福的”时代已经过去了。无论这多么奇怪，现在某些最虔诚的君主虽然承认人们是神灵的仆人，但是经常反抗他们的意图。凡是十分信仰神灵和恐惧神灵的君主，本来都应当经常拜倒在神甫面前，承认他们是真正的统治者。本来嘛，地上谁的权力能够同至高者的权力相比呢？

174 对于绝大多数的人来说，宗教崇拜都是劳神伤财的

力求巩固自己臣民的偏见的君主，是不是足够严肃地考虑过那些认为自己有权擅自发号施令和以上帝的名义煽动几百万民众的激情的享有特权的蛊惑家们的说教过去所产生的和永远会产生的那一切后果呢？当这些神灵的代言人想在国内制造混乱现象时（像我们经常观察到的情况那样），他们会造成怎样的毁灭和破产的局面啊！

对于绝大多数人说来，再没有比神灵崇拜更有破坏性和更使人负担不起的了。在每一个国家里，神职人员不但构成国民中最高的特权阶级，而且掌握着全部社会财富中的绝大部分，他们认为自己有权在自己的同胞身上征收层出不穷的苛捐杂税。至高者的这些中介人为了他们所享受的那一切巨大的利益会给民众带来怎样的实在的好处呢？为了换取财富和尊荣，他们显然只给予民众一些秘密、猜测、典礼、强词夺理的辩论和没有休止的纠纷，而因为有了这些东西国家往往必须付出自己臣民的鲜血的代价。

175 宗教腐蚀道德

宗教冒称是道德最稳固的基础，它显然会使道德丧失真正的刺激力，而用臆造的推动力和不可理解的幽灵来代替它们，这分明违反健全的思想，谁也不可能真正接受。所有的人都肯定地对我们说，他们坚决信仰有赏有罚的上帝；所有的人都认为自己深信天堂和地狱的存在；但是我们可不可以说，这些信念会使人们变得好一些或者在大多数人的心灵中会战胜微小的世俗利益呢？人人都肯定地对我们说，他害怕神灵的审判，但是只要各人相信他能够躲过世人的审判，他就会纵情恣欲。

对不可见的法官的恐惧比对可见的法官的恐惧很少有更强烈的影响。在遥远的未来渺茫虚幻的苦难的威胁没有站在绞刑架下或者目睹被吊者的形象那么使人心惊胆战。我们不会发现廷臣害怕上帝的愤怒能够稍微比得上对丧失君主宠爱的恐惧。抚恤金、爵位、勋绶能够使人忘记地狱的苦难和天上帝王的宫殿里的一切享受。女人的温存永远胜过至高者的威胁。笑语、趣谈、俏皮话比严肃的宗教教训给世俗的人的印象要强烈得不能相提并论。

人们不是硬要我们相信，只要有深刻的、真诚的忏悔，就足可以得到上帝的赦宥么？但是我们很少看见有这种真诚忏悔的事例；无论如何我们很少知道偷盗者即使在临死前的一刻钟会归还非法攫取的财物。自然，人们都使自己相信，如果他们无法逃脱地狱的火焰，那么他们会用种种方法忍受它，因为同老天爷永远是可以商量的，比方可以为了教会的利益牺牲一部分掠夺来的财富；大多数虔信宗教的骗子都心安理得地死去，很少对他们曾经用来在这个世界上获得了许多财富的那些方式感到悔恨。

176 笃信上帝的极其危险的后果

连最热心于保卫宗教及其必要性的人也承认，人们真诚信教的情况是极少有的；我要补充一句，这种情况对社会是完全没有益处的。当人们不再为地上世界所需要的时候，他们就厌恶这个世界；当女人在尘世生活中再也找不到快乐的时候，她就献身于上帝。她的虚荣心要求她扮演虔信者这个新的角色，因为这个角色补偿她丧失了的往日的享乐。细心地履行宗教仪式可以使她消磨岁月；阴谋、倾轧、造谣、诽谤可以供她用来在像她自己这样一伙虔信者中间出人头地和争夺地位。

如果说虔信者具有讨好上帝和它的神甫们的才能，他们就不会得到社会的好感，或者说，不会有益于社会。在虔信者看来，宗教是一种便利的假面具，可以掩饰和辩护任何情欲：虚荣、坏脾气、敌意、报复、偏执、记仇。虔诚的人掌握着肆虐之权，对于温良、宽容和快乐他们都是不在意的；笃信宗教允许人审判其他的人和为了神灵更大的光荣而惩罚和处死不敬神灵者。虔信的、同时又不具有社会生活所必需的任何一种品质的人，——这是司空见惯的现象。

177 来世生活的假设不会使人得到安慰，也不是道德所需要的

人们肯定地对我们说，来世生活的教条对社会的幸福具有重大的意义；人们以为，没有这个教条，人在地上就不会有行善的任

何刺激力。总之，为了使有理性的人懂得在地上应该怎样行动，他需要幽灵和无稽之谈！难道我们每个人不是清楚地了解，我们希望得到我们周围的人的赞许、尊敬、同情，我们的利益就在于不做一切可能使我们招致耻辱、轻视和公愤的行为么？无论庆祝会、谈话、集会的时间如何短促，难道人们不力求在他的同类中间扮演一个对己对人都可敬的和愉快的角色么？如果生命只是一个过渡阶段，我们就要设法改善它；但是如果不尊重我们所有的旅伴，我们就无法达到这个目的。

宗教充满着暗淡的、忧郁的幻想，它断言，人在地上只是过客；它又做出结论说，为了得到这次在地上旅行的幸福，人应该离群索居，拒绝他在旅途中遇到的一切快乐，和放弃能够使他在劳累和沉闷的旅途中当作消遣和休息的种种享受。斯多葛派[①]晦涩的哲学有时也像宗教一样给我们同样一些并不合理的忠告；比较合理的哲学则劝我们用鲜花铺满我们生活的道路，从这

① 斯多葛派，是斯多葛主义的拥护者。斯多葛主义是公元前 4 世纪产生于希腊、由季蒂昂的芝诺（公元前 336—264 年）创立并存在到公元 6 世纪初的一个哲学学派。古希腊的斯多葛派具有唯物主义倾向。后来斯多葛主义退化为同宗教紧密联系的唯心主义学说。古罗马最著名的斯多葛主义者时赛涅卡、爱比克泰德、马可·奥勒留。霍尔巴赫指的正是罗马斯多葛主义，它的注意力主要集中在道德上。罗马斯多葛派反对伟大的希腊唯物主义者和无神论者伊壁鸠鲁及其罗马继承者卢克莱修的伦理学。他们教导说，世界上存在宿命的必然性，并且号召人们道德上自我完善，似乎通过顺从命运、绝对消极无为、拒绝“此岸”世界的快乐，就可以达到这种自我完善。斯多葛派的伦理学对公元 1 世纪所形成的基督教给予了强有力的影响，而基督教正如恩格斯指出的，是“从普遍化了的东方神学、特别是犹太神学和庸俗化了的希腊神学、特别是斯多葛派哲学的混合中”产生的（《马克思恩格斯全集》，中文第 1 版，第 21 卷，第 349 页）。霍尔巴赫这里暗指基督教道德与斯多葛主义之间的相似。——俄译本注

条道路上赶走一切悲伤和恐惧，在旅途中分享我们同志们的乐趣，并在种种的快乐和无害的消遣中寻找休息，而摆脱我们在地球这个舞台上如此频仍地遇到的一切困难和乖运；这个哲学教导我们说，为了使旅行愉快和惬意，我们必须避免一切可能会损害我们的东西，并且严格不渝地预防一切可能会使我们变成我们的旅伴所讨厌的人的行为。

178　和虔信者比较起来，无神论者有更多的为善的动机，有更多的理由顺乎自己的良心

人们问我们：怎么能够促使无神论者行善呢？能够促使无神论者行善的东西就在于：希望使自己和自己的同类满意；追求安宁和幸福的生活；需要得到他人的爱和尊重，因为这些人的存在和属性比绝对不能认识的某个存在物要实在得多和容易理解得多。人们可能对我们说，对于不害怕上帝的人说来，再也不可能有任何可怖的东西或不允许的事情。但是这种人会害怕人民；他会害怕他们的轻视，他会害怕耻辱、法律的制裁；并且最后，他会害怕自己，害怕良心责备，而所有认为自己照理应当为自己同类所痛恨的人都会受到良心责备。

良心——这是我们内心的法官，它正确无误地证明我们的行为在何种程度上应当受到我们邻人的尊敬或谴责。良心是建立在我们对人们的认识和我们对自己的行为必然使人们产生的那些感情的认识的基础上的。虔信者的良心只知道自己是否得到上帝的欢心，但对这个上帝他是没有任何观念的，因为向他说明上帝的不可理解的和值得怀疑的意图的就是那些值得怀疑的人，这些人和

虔信者本人一样并不了解上帝，他们在什么东西会使这个上帝喜欢或者不喜欢的问题上常常自相矛盾。简言之，控制信教者的良心的人就是那些本身就昧着良心和利令智昏的人。

无神论者能不能有良心呢？有什么动机可以使他暗中不干坏事，或者在人们看不到和法律管不到的地方不犯罪呢？生活经验会向无神论者证明，没有哪一种恶行不会必然地招致报复。而且如果无神论者珍重生命，他就会避免一切可能会损害他的健康的过激行为；他不会愿意让自己过苟且偷安的可怜生活，也不会愿意折磨自己和别人。至于说到暗中干坏事，那么由于他无法避免的内心的恐惧他是不会去干的。如果无神论者是聪明的，他不能不承认自尊心的意义。这种自尊心是每一个诚实的人都应当追求的。其次，无神论者不能不知道，任何一些无法预见的情况都可能揭露他的一切秘密勾当。总之，死后的世界绝对不会成为人们行善的刺激力，如果他们不在地上寻找这种刺激力的话。

179　应当认为主张无神论的君主比俯拾皆是的虔诚而且残酷的君主好

有神论者对我们说："无神论思想家本身可能是十分正派的人，但是他的著作却教育出一些信仰无神论的政客。君主和他们的内阁大臣如果没有受到对神灵的恐惧的约束，就会丧尽天良地让自己任意横行霸道。"但是，无论我们把高居宝座的无神论者设想得如何荒淫无道，他的恶德以及他带来的危害总不可能跟不但不是无神论者反而常常以最是笃信宗教和虔敬神灵著称的所有那些侵略者和暴君、压迫者、野心家和廷臣给人类造成的那些暴行和罪恶相提并论。难道有哪一个不信宗教的君主能够比集宗教信仰和令人可憎的恶德于一身的路易十一[①]和菲利浦第二[②]或者黎塞留[③]更贻害于世界吗？我们几乎不知道有主张无神论的君主，可是把极端的残酷和最狂热的虔诚结合于一身的暴君和内阁大臣则是司空见惯的现象。

180　以哲学为基础的道德对于美德说来是完全足够的

凡是肯思考的人必然会意识到自己对他人的义务，一定会承认自己同他们的联系；他会研究自己的性格，了解自己的需要和愿望，弄清自己对决定他本身的幸福的那些存在物的义务。所有这些思考就自然而然地产生出道德原理，因为道德是生活在人类社会中的人不能不有的。凡是喜欢进行自我分析，喜欢研究和探讨一切现存事物的根源的人，通常都没有那些极有害的情欲；他的最强烈的情欲永远是渴望认识真理，而他的野心仅仅在于力求把这个真理告诉别人。哲学能够培养人的心灵和头脑。从道德和正直的观点来看，能够独立思考的人之胜于照例无所用心的人，难道还不明显么？

如果无知有利于神甫和压迫人类者，那么对于社会它就是十

① 路易十一，法国国王（1461—1483）。他在位期间，法国几乎完成了国土统一和奠定了王朝专制制度的开端。他的特点是狂妄、极端多疑和残酷。——俄译本注

② 菲利浦第二，西班牙国王（1556—1598）。——俄译本注

③ 黎塞留，阿尔芒·让·普莱西（1585—1642），法国政治活动家，枢机主教。依靠担任公职的贵族和资产阶级，促进王朝专制制度的巩固，路易十三在位期间实际上是法国的统治者。进行了反对新教胡格诺教徒的斗争。——俄译本注

分有害的。没有受过教育的人不能利用自己的理性；一个既没有理性又没有教养的人简直是一个野蛮人，他随时都可以犯罪。道德或关于人的义务的科学，只有在研究了人的本性以及人和所有在生者的关系以后才会理解。凡是自己不思考的人，他就不懂得真正的道德，也不可能满怀信心地沿着美德的大道前进。人们越不思考，他们就越坏。野蛮人、君主、有钱有势的人、社会败类——绝大部分都是坏透了的人，因为他们是最不用脑子进行思考的人。

虔信者从来不用脑子，而且反对思考；他害怕任何的批评；他屈服于权威，而且常常认为听信不怀好意的人的唆使去为非作歹乃是自己的神圣义务。无神论者则是沉思的，他鄙视迷信，而重视自己的生活经验。如果他的沉思是正确的，他的良心就是纯洁的；他就会有比虔信者更多的实在的动机从事善良的事业，因为虔信者除了幽灵以外，没有任何道德上的刺激，因为他从来不尊重自己的理性。但是，我们试设想，推动无神论者行善的种种刺激还不是强大得足以控制他的情欲，他的目光还如此短浅，竟会不承认促使他同自己的情欲作斗争的最明显最实在的原因。那又有什么关系！他可以既恶且坏；但是他绝不至于比笃信宗教的人更好或者更坏；固然宗教有自己一整套神圣的戒律，但是这些虔信者并不戒除宗教所谴责的种种行为。难道信仰宗教的坏蛋比没有任何宗教信仰的坏蛋更不可怕么？难道笃信宗教的暴君比不信宗教的暴君更不专制么？

181　信念对人的行为有时很少影响

前后一贯的人是极其少有的。只有在人的信念符合于他的性格、他的情欲和利益时，这些信念才会影响他的行为。正如我们从日常经验中所知道的，宗教信念造成许多恶，却很少产生善；这些信念之所以有害，是因为它们经常姑息暴君、野心家、狂信者和神甫的情欲；它们之所以毫无益处，因为它们不能抵抗绝大多数人的自然的迫切的兴趣和利益。如果一个人的宗教信念违反他的强烈的欲望，他总是要抛弃自己的这些信念；那时即使这个人不是无神论者，也完全会像任何一个无神论者一样地行动。

如果我们想根据人的行为判断他的信念或者根据人的信念判断他的行为，我们就永远有犯错误的危险。极端信仰宗教的人，尽管自己野蛮的宗教教理如何反社会如何残酷，有时也会表现得十分仁爱、宽容和稳健；在这种情况下，宗教教理显然是和他的性格背道而驰的。某一个轻薄汉、淫佚者、伪善者、通奸者或骗子手偶尔也会说出极其高尚的道德信念。而为什么他不把这些信念付诸实践呢？因为他的性格、他的利益、他的习惯同他那些冠冕堂皇的抽象理想绝不相容。被许多人奉为神圣的、严峻的基督教道德原则，对于那些向别人宣传这种道德的人的行为原来只有十分微弱的影响。难道他们每天不是肯定地对我们说，我们应当遵循他们的教导，而不要过问他们的行为么？

宗教卫士们最习惯于把不信宗教的人称做坏人。许多不信宗教的人没有道德，自然是完全可能的；但是他们之所以没有道德是由于他们的性格，而不是由于信念。他们的行为和信念之间有什么联系呢？难道没有道德的人不能成为很好的医生、建筑师、几何学家、逻辑学家、形而上学者、思想家么？行为无可指摘的人可能在许多事务上完全无知，也可能不善于思想。当问题涉及真理时，谁发现了真理对我们是没有关系的。我们不要根据人的信念判断人，也不要根据信奉这些信念的人来判断信念；请根据人的事业判断人，根据这些事业在何种程度上符合于经验、理性和人类的利益来判断人的信念吧。

182 理性使人站到不信神和无神论的立场上来，因为宗教是极其荒谬的，而神甫们的上帝则是一种阴险恶毒的存在物

任何进行思考的人必然会达到不信神，因为理性向他证明，神学只不过是一堆乱七八糟的幽灵，宗教违反健全思想的全部原则和伪造人类的全部认识。思想健全的人之所以变成无神论者，因为他深信，宗教不但不会使人幸福，而且会成为人类所遭受的一切最大的动荡和经常的灾难的主要根源。追求幸福和安宁的人，只要对宗教有了明白的认识，就会否定它，并且会承认，一生一世胆战心惊地害怕那些为恫吓神经衰弱的妇女和儿童而创造的幽灵，不但是令人厌倦的，而且也是无益的。

的确，根本忽视理性的任何论据的淫佚者有时也会达到不信神；但是道德高深的人有十分正当的理由批评宗教和摆脱宗教的羁绊。宗教的威吓无力使坏人除去根深蒂固的恶习，而是摧残、折磨和压制脆弱的灵魂。英勇卓越的人很快就会抛掉他们暂时被迫忍受的羁绊。胆小怕事的人则一生一世在这种羁绊下过着可怜的生活，和在经常的恐惧中日形衰老，他们永远都受到毒害他们生活的种种怀疑和犹豫的压迫。

神甫们把上帝变成了一种十分阴险恶毒，令人憎恶和狰狞可

怕的存在物，以致世界上很少有人不会衷心希望这个上帝根本不存在。经常感到恐惧的生活能不能是幸福的呢？虔信者和所有崇拜残酷的上帝的人啊！承认你们敌视上帝吧，承认你们希望它不存在吧。如果一想到这个统治者就使人痛苦，难道可以不希望它不存在或者会消灭么？神甫们用来创造上帝形象的那些忧郁情调就是如此，这个形象使人感到愤慨，引起敌视上帝的情绪和产生抛弃任何关于上帝的思想的愿望。

183　唯有恐惧才会使人们变成信教的人和有神论者

如果说恐惧创造了神灵，则也只有恐惧才支持着神灵对凡人头脑的统治；从远古以来，人们都习惯于在听到神的名字时就吓得发抖，竟使这个神灵在他们眼里变成了一种可怖的幽灵，一种稻草人，一种折磨他们，使他们丧失控制自己的勇气和力量的恐惧之物。他们总是担心：一旦他们不再害怕这个不可见的幽灵，他们立即就会受到它的伤害。虔信者过于害怕自己的上帝，所以不可能衷心地爱它；他们在上帝面前奴颜婢膝，所以不能摆脱它的控制，他们宁愿阿谀它，而且即使陷于自欺，也得要使自己相信，他们归根到底是爱上帝的。他是在被迫之下才是有德行的。虔信者之爱上帝犹如奴隶之效忠暴君，不过是被迫地和伪善地承认强力罢了，内心是绝对不同情的。

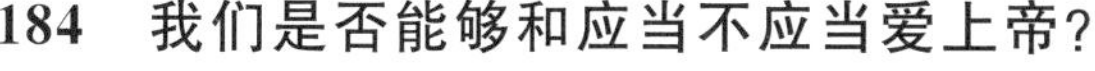

184　我们是否能够和应当不应当爱上帝?

基督教神学家们把自己的上帝变成了一种很不可爱的存在物，所以他们有些人决定不让自己承担这个义务，以致因此而被自己的比较含蓄的同伴革除教籍。比方圣托马斯断定，对上帝的爱是在人开始利用自己的理性的那个年龄产生的。耶稣会教徒西尔蒙德则反对说，这种爱还太早了。另一个耶稣会教徒瓦斯凯兹坚决地说，临死的时候爱上帝就够了。较不驯良的古尔达多则说，一个人一年应该爱一次上帝；亨里凯兹宽容到允许五年一次地爱上帝；索图斯同意星期天爱上帝。西尔蒙德问道：为什么要中断呢？接着他补充说，苏阿列兹建议偶尔地爱上帝。然则在什么时候呢？对于这个问题，他让我们自己去判断；这是西尔蒙德所不知道的。他说，因为既然连如此博学的神学家都不知道这个问题，谁还会知道呢？……同一个西尔蒙德继续宣称，上帝不会命令我们对它抱热烈的爱情，也不会答应在我们把我们的心交给它的时候拯救我们；我们只要实行了上帝的训诫，就算是听了上帝的话，并且用真正的爱情爱过了上帝；上帝也只要求我们有这种态度；同时它不会命令爱它，而只是命令不要敌视它。这种教理在冉森派信徒看来是亵渎的、讨厌的邪说；他们把自己的上帝描写得如此正颜厉色，面目可憎，所以这个上帝比他们的对头耶稣会教徒的上帝更不可爱；耶稣会教徒为了招致最大数量的拥护者，立意给上帝加上种种甚至能够使最缺德的人得到鼓舞的品质。由此可见，对于基督教徒说来，最迫切的问题，即关于是否必须爱上帝的问题，过去就是这样明显。在基督教教会牧师中间也有这样一些人，他们劝人全心全意地爱上帝，尽管它非常严峻；另一些人，如神甫但尼耶尔，认为赤心爱上帝是基督教全部美德中最英勇的美德，但不是弱小的人所能达到的。然而耶稣会教徒宾铁罗走得更远，他断定，新同盟的一个特权就是摆脱爱上帝的难受的束缚而获得解放。[①]

185　关于上帝和宗教的种种矛盾观念证明，无论上帝或宗教都不过是人类想象的产物而已

一个人的性格永远预先决定着他的上帝的属性；每一个人都按照自己的模样来创造上帝。追求享受和娱乐的乐天者不能设想上帝是严峻的和记仇的；他的上帝应当是宽厚的，很容易谈得来的。严酷无情、忧郁不欢、动辄发怒、喜欢挑剔的人需要一个会引起恐惧和惊慌心理的上帝；在这种人看来，凡是认为上帝是善良和宽容的化身的人都是坏的。邪说、纷争、分裂都是必不可免的现象。所有的人都是依各自的方式创造的，他们彼此之间不能分毫毕肖；他们怎么能够同样地对待只存在于他们自己的想象中的幽灵呢？

在神职人员中间不断产生的、残酷而且永无休止的辩论，不可能使他们得到人们的信任，并用公正的眼光看待这些辩论。当你看到神甫们自己对于他们向人们宣传的那些原则从来不能取得一致意见的时候，怎么能不陷入完全不信神的地步呢？如果神职人员自己对上帝都持最不一致的和矛盾的意见，怎么不会对上帝的存在产生怀疑呢？既然任何关于上帝的思想都是一团极不相容的矛盾，最后怎么不会把这些思想加以抛弃呢？如果神甫们经常彼此采取敌对态度，互相指摘对方是不敬神的人和异教徒，仅仅因为

① 参阅《各大主教管区来信的辩解》（Apologie des Lettres provinciales），第II卷。——著者注

他们全都按照各自的方式理解他们向世界宣布的那些所谓真理而互相屠杀和残酷迫害，我们怎么能够信赖他们呢？

186　上帝的存在——一切宗教的基础——任何时候都还没有被证明过

一切宗教都以上帝的存在为基础。但是这个重要的真理迄今还没有被证明过；我所谓证明不仅是说可以使不信宗教的人相信，而且还得要能够使神学家本人满意。历来都有一些思想家在替这个最有利于人类的真理寻找新而又新的证明。所有这些沉思和证据产生了怎样的结果呢？这些思想家翻来覆去还是不能使问题得到解决；他们什么也没有证明过，却几乎永远引起了自己同行们的非难，这些同行责备他们没有真诚老实地对待这个十分重要的问题。

187　只能责备神甫自私，不能责备不信神的人自私

保卫宗教的人每天都对我们肯定说，不信神是由于人有情欲。按照他们的说法："人们之变成无神论者是由于虚荣心和出人头地的欲望；而且他们之所以企图从头脑中驱逐关于上帝的思想，只是因为他们做贼心虚，害怕上帝严峻的审判。"但是不管是什么原因使人们走向无神论，关键在于他们是否找到了真理。没有一定的动机谁都不会有行动；所以我们首先要弄清楚论据，然后再来考察动机，再来考察这些动机是否比把虔信者交给丝毫不值得信任的牧师去支配的那一切动机更不合乎规律和更不合理。

看吧，可敬的神甫们，你们硬说，情欲产生无神论；你们认为，无神论者之拒绝宗教不是出于自私的考虑，就是为了迎合自己的不良倾向；你们硬说，他们之推翻你们的神灵只是因为他们害怕神灵的愤怒。好的！但是难道你们这些保卫宗教和宗教的一切虚幻教条的人真是那么反对情欲和自私吗？是谁从神甫们如此热情地为之奔走呼号的宗教中取得收入呢？正是神甫自己。宗教使谁得到权力、威信、尊荣、财富呢？还是神甫。谁到处同理性、科学、真理、哲学进行战争，并且引诱各国的君主和人民离开它们呢？仍然是那些神甫。地上有谁从人们的愚昧无知和他们的荒谬偏见中取得利益呢？神甫。这样看来，神甫们，你们受到奖励，你们受到尊敬，以及你们受到报酬，都是因为你们会欺骗人们；所以你们不得不惩罚所有企图叫人们睁开眼睛看清你们的骗局的人。你们收入的来源是人们的狂妄，你们接受馈赠和贿赂；而等待着向人类宣布最有益最必需的真理的人们的则只是镣铐、刑讯和篝火。让人类来作判断吧！

188　骄傲、狂妄自大和腐化在更大的程度上是神甫所固有的，而不是无神论者和不信神的人所固有的

骄傲和狂妄自大过去和未来始终主要是僧侣固有的恶德。如果神甫们认为他们的权柄是上天赋予的，他们个人是神圣不可侵犯的，他们是至高者的使节和仆人，还有什么东西能比神甫的野心更使人变得傲慢和爱虚荣呢？难道经常培植这些信念的不是各国人民的轻信，君主给予神甫的尊荣和种种恩典，以及僧侣所享受的那一切特惠条件、优待和特权么？任何一个国家里的普通人民对

待自己的、被奉为神灵代表的教会牧师的态度比对待地上的、被认为是通常人的统治者的态度都要忠心耿耿得多。任何一个乡村神甫在自己教区的教民中间比地主或法官更有大得多的影响力量。信仰基督教的神甫认为自己是比国王或皇帝都要高贵得多的人物。当一个西班牙的高等贵族没有那么客气地对待一个僧侣时，这个僧侣就傲慢地声称："您要学会尊重人，要知道他每天都在同您的上帝打交道，您的女王也要对他鞠躬。"

既然如此，神甫们有没有权利责备不信神的人骄傲呢？他们能不能吹嘘自己特别谦逊和十分温良呢？他们的职业的根本目的就在于希望对民众进行统治，这还不明显么？如果神职人员果真是谦逊的，难道他们会表现出如此渴求高位的愿望么？难道他们会因为稍不如意就怒气冲冲么？难道他们会如此残酷无情地对付所有和他们意见相左的人么？难道科学没有教导我们，要十分谦逊地理解到，获得真理谈何容易么？除了极端傲慢以外，还有什么别的情欲能够使人们变成如此残酷和爱记仇、如此没有宽容精神和同情心的生物呢？如果狂妄自大控制着一大批一大批的民族，并且迫使他们为争夺统治地位或者为保卫某些毫无意义的主观猜测而大量流血牺牲，那么有什么东西可以比得上这种狂妄自大呢？

神学家啊，你们硬说，只有狂妄自大才使人们变成无神论者；让他们去认识你们的上帝吧；把你们上帝的本质告诉他们吧；不过请用可以理解的语言同他们谈话；请使用合理的论据，请报道可能发生的和不悖理的事情。如果你们无法满足所有这些要求；如果你们至今还没有一个人能够十分明显地和令人信服地证明上帝的存在；如果根据你们自己的承认，这个上帝的本质对于你们也像对于其他凡人一样不可理解，——那么，请不要责备人们，说他们不同意他们既无法理解、也不能使之符合理性法则的那个东西可能存在；请不要把那些老老实实地承认自己无知的人叫做狂妄自大的人；请不要责备对不可调和的矛盾不能熟视无睹的人是丧失理智；请记住，哪怕一生只记住一次也好，煽动各国人民和君主的怒火来反对那些不同意你们的上帝（关于这个上帝连你们自己也没有丝毫观念）信念的人是多么的卑鄙和可耻。如果你们让自己狂妄自大地和极端自负地谈论连你们自己也承认是不可理解的事物，那么有什么东西能够比得上这种狂妄自大和极端自负呢？

你们反复不断地对我们说，精神上的堕落会导致无神论，人们企图摆脱神灵的控制只是因为他们害怕神灵的审判。但是为什么你们使自己的上帝具有如此可恶的属性以致使它变得令人无法忍受呢？为什么这个十分强大的上帝会允许人们腐化堕落呢？如果一个暴君掌握着控制人类灵魂的权力，允许人们诱惑、摧残和腐蚀这个灵魂，如果暴君拒绝把自己的恩典赐给人民，而满足于惩罚他们和使他们遭受永恒的苦难，因为他们容易受诱惑，因为他们变得残忍了，以及因为他们没有被拒绝给予他们的天恩神惠，难道不能够设法去掉这个暴君的束缚么？可以设想，既然神学家和神甫能够不敌视像他们的上帝（他们向我们宣扬的上帝）那样的独裁统治者，他们一定是深信天恩神惠和自己的幸福的未来的。能够判处自己的创造物遭受永恒苦难的上帝，显然是只有人类的想象才能虚构出来的最可恶的存在物。

189 迷信是暂时的现象;任何一种力量如果不以真理、理性和正义为基础,就不能长久存在

地上任何一个人真正说来都不会热衷于赞助谬误;任何错误迟早总会让位于真理。全民的利益终归会使凡人觉悟到真理;情欲本身有时也会有助于割断迷信的链条。难道两百年以前激动某些君主的情欲没有促使欧洲的许多国家推翻傲慢的、往日管辖着所有隶属于他的教会的国王的教皇的暴虐政权么?采取了某些开明措施的这种政治,使僧侣丧失了由于人类的轻信而聚集在他们手上的那一大宗财富。

这个值得纪念的例子难道甚至不会向神甫们本人说明,迷信不是永恒的,只有真理才能保障人们得到牢固的幸福么?

当神甫们用谄媚博取君主的欢心,把神权授予君主,并且使君主个人变成崇拜的对象,纵容他们对人民进行专横统治的时候,难道他们不明白,他们在使这些君主变成暴君么?莫非他们预见不到被他们吹得天花乱坠的庞大偶像有朝一日终将坍塌,并且会用自己过大的重量把神甫们本身压死么?难道成千的事例没有向他们证明,他们应当害怕这些解脱了锁链的狮子么?因为这些狮子一旦消灭了人民,迟早总会向神甫本人猛扑过去的。

只有在神甫们变成我们的同胞的时候,我们才会尊敬他们。如果他们力所能及,他们尽可以利用自己神圣的权威钳制那些不断使田野荒芜的国王;他们尽可以不使君主们掌握着残酷的权利,以便逍遥法外地为非作歹;他们尽可以认识到,一切国家的任何臣民都不愿意向暴政屈膝;他们尽可以使君主们懂得,如果一种政权

会使君主受到普遍的敌视，会使他们本身的安全、他们的力量和尊严受到威胁，这种政权对他们就是不利的；最后，神甫们和觉悟了的君主们尽可以明了，任何政权如果不以真理、理性和正义为基础，就不可能是持久的和巩固的。

190 如果神甫们变成了理性的使徒和自由的保卫者，他们该会得到怎样的权力，怎样的尊敬啊！

神职人士既然进行着反对他们本应促进其发展的人类理性的血腥战争，他们的活动显然会损害自身的利益。如果他们不去从事无益的争论，而全心全意地研究真正有用的科学，探讨自然、道德和国家体制的真正规律，他们在贤人智士中间该会获得怎样的影响，怎样的尊敬和威信，该会受到各国人民怎样的感谢啊！如果一个组织把自己成员的闲暇和影响用来增进公共幸福，利用这种闲暇进行研究，利用这种影响教育君主及其臣民，谁还敢侵犯它的权力和威信呢？

神甫们！抛弃你们的幽灵吧，抛弃你们的不可理解的教条吧，抛弃你们的卑鄙纠纷吧；让这些在人类幼年时期曾替你们效劳的幽灵重新回到臆想的王国去吧；最后，学会理性的语言吧；并且，不要动员起来，号召民众反对你们的私仇，不要引诱人民参加你们的无聊争论，不要宣传无用的美德和狂妄的信条，而要做一个合乎人情的道德和真正公民的美德的宣传者；提倡人类真正需要的美德吧；做理性的使徒，人民的启蒙者，自由的保卫者，反对罪恶的斗士，真理的朋友吧；那时我们会感谢你们，我们会尊敬你们和爱你

们，而你们也就会永远征服你们同胞的心灵。

191 如果哲学代替了宗教，世界上该会发生何等有益何等伟大的革命啊！

哲学在一切民族那里历来所起的作用就是似乎预定充当宗教的婢仆。宗教之敌视哲学实质上始终只不过是一种职业上的嫉妒心理。所有习惯于思考的人本来不应当想方设法去互相损害和互相攻击，而要联合各自的力量反对种种谬见，同心协力地探求真理，而特别是要从根本上消灭迷信，因为迷信对君主和臣民是同等有害的，而且传播这种迷信的人们自己迟早也会变成迷信的牺牲者。

在开明政府的指导下，神甫们都会变成最有益的公民。本来就已经得到国家慷慨支持，而绝对不必关心起码的生活资料的那些人，只要进行自我教育，看来是能够教育别人的！莫非他们的智慧在发现清楚的真理上不会比徒然在咫尺莫辨的黑暗中徘徊得到更大的满足么？莫非弄清如此明显的人类道德原理比弄清神圣的宗教道德臆想的原则更要困难么？对于最平凡的人说来，难道掌握关于自己各种义务的简单概念比记住他们绝对不能明了的各式各样的秘密、玄妙的空谈和模糊的解释更要困难么？难道在教人们学会对他们没有任何实在价值的东西上所消耗的光阴和精力还少么？只要剥夺一些在绝大多数国家内唯知搜刮民脂民膏的寺院，开明君主就会掌握多少财富来满足社会的需要，鼓励科学和教育的发展，培养青年一代啊！但是警惕地保卫着自己独占的统治地位的迷信，显然企图只培植一些庸碌的人。这么些过着十分阔绰的生活、无所事事的修男修女们究竟何补于实际！为什么他们要徒然冥思遐想，无聊地反复祈祷，举行烦琐的礼拜呢？为什么他们要用斋戒素食和自怨自艾来折磨自己呢？为什么他们不在合理的竞赛中想方设法为世界造福呢？为什么要根据修道者有害的誓言拒绝做这种服务呢？为什么要从儿童时代起就用无稽的故事、僵死的教条、幼稚的虚构来培养受教者的头脑，而不责成神甫们传授或者建议他们传授真正的知识，使孩子们都成为可敬的爱国者呢？用现时的教育方法培养出来的人只会有利于愚弄人民的僧侣和劫掠人民的暴君。

192　绝对不能把不信神的人临死时改信宗教说成是反对无神论的证据

保卫宗教的人们责备无神论者不忠诚，因为无神论者有时对自己的信念也发生动摇，生病的时候改变自己的信念和临死的时候背弃自己的信念。但是，当人的身体变弱了，他的思考能力自然也会随之衰弱下来。奄奄一息的病者和日薄西山的老人常常自己感觉到理性在离开他；他会觉得，偏见的权力在重新抬头。有一些疾病可以使英勇精神受到损害，使大脑受到亏损和破坏；也有一些破坏身体却无伤于理性的疾病。不管怎么样，不信宗教的人即使生病时背弃自己的信念，也是一种罕见现象，而虔信者甚至在很健康的时候都用鄙视的态度对待宗教严格规定的义务。

斯巴达国王克列昂米尼[①]在其统治的整个时期中没有表现过

① 克列昂米尼三世，斯巴达国王（公元前235—前222年）。——俄译本注

很大的对神灵的忠心信仰,到了晚年却变成了迷信者;为了使神灵喜欢自己,他吩咐把许多神甫和祭司召到身边来。这个国王的一位朋友对此很是惊讶。克列昂米尼说道:“您干吗奇怪?我已经不是过去那个人了;我不再是过去的我了,我再也不可能像先前那样进行思考了。”

宗教人士本身在日常生活中时刻总是改变他们向别人宣传的种种严峻的原则,所以就使不信宗教的人有权责备他们口是心非。如果某个不信宗教的人临死时或生病时背弃他健康时所抱定的那些信念,然则神甫们自己甚至不会在健康的时候改变自己宗教的最严格的原则么?我们是否可以看见哪些大主教是温和的,慷慨的,没有虚荣心的,痛恨奢侈和排场的和向往贫寒的呢?最后还有,我们是否能够看见哪些神甫们的行为会符合被他们尊为神灵和行为表率的基督的严峻戒律呢?

193　所谓无神论破坏社会联系的武断是虚妄的

据说无神论会破坏一切社会联系。不信仰上帝,怎么相信誓言呢?如果无神论者不能用上帝的名义来证实自己的誓言,他们怎么能够联系起来呢?但是难道誓言会具有如此不可破坏的力量保证我们履行自己根据某种契约所承担的义务么?难道一个人能够撒谎就不能够违背誓约么?极端卑贱的人如果要背弃自己的诺言,或者极端无耻的人如果不顾舆论的谴责硬要破坏自己的义务,即使凭所有的神灵发誓,也不会有忠实履行诺言或义务的更多表现。不承认人民有权制裁自己的人,很快就会认为自己也不属于上帝本身所管辖。难道一切凡人中轻易发誓的君主不是同样轻易地违背誓约么?

194 驳所谓人民需要宗教的陈腔滥调

人们反复不断地向我们说:“宗教是人民需要的。如果有教养的人不需要宗教提供的束缚,则对没有受过合理的教育的无知群众说来,这种束缚无论如何是必要的。”但是真正可以把宗教看成是一种束缚人民的力量么?我们是否能够肯定,宗教会制止贪欲、酗酒、粗野、暴力、偷盗和各式各样的极端行为呢?没有任何神灵观念的人民的行为会不会比国内盛行着简直玷辱理性存在物的淫风恶习的那许多基督教民族的行为更可憎恶呢?我们难道不是常常观察到,一些手工业者或平民虽然还没有跨出教堂,却是满脑子的淫佚观念,并且深信,只要时常做做礼拜,他就会得到心情愉快地沉湎于自己不良的习惯和嗜好的权利么?最后,既然普通人如此粗野和如此轻率,难道他们的愚昧无知不是那些不过问国民教育,甚至反对教育自己的臣民的君主们玩忽职守的结果么?溯本探源,难道不能把普通人的愚昧无知算作神甫们昭昭的政绩么?这些神甫不是用合乎理性的道德教育民众,而只是向他们宣扬一些无稽故事和主观幻想,并且在他们中间提倡种种毫无意义的仪式和虚妄的美德,好像这些仪式和美德是民众唯一需要的。

对于普通人说来,宗教的内容不过是一定的仪式的总和,这些仪式像动人的演出一样吸引着他们,并被他们依照习惯和传统执行着,除了略微刺激刺激他们迟钝的大脑以外,对行为毫无影响,也无改乎风尚。据宗教人士自己承认,只能看到极少数人才是刻

骨铭心地抱着宗教信仰，使自己的生活处在这种信仰的影响下，并且使自己的爱好服从于这种信仰。平心而论，在最众多的和虔信的人民中间，我们是否可以找到一些人了解自己的宗教原则并且从这些原则中汲取克服自己不良倾向的力量呢？

许多人告诉我们说，任何一种约束力量也要比根本没有这种力量好些。他们肯定地对我们说，如果宗教不能影响广大的群众，那么它毕竟会遏制住某些人的行为，这些人要没有宗教早就心安理得地犯了罪。约束民众当然是必要的；但是他们不需要臆想的约束；束缚应当是明显的和实在的。应该使民众经常对现实的后果发生恐惧，而不是使他们战战兢兢地害怕某些什么幽灵。宗教只能使很少一些懦夫感到恐惧，按照这些人的性格说来，他们本不会构成对自己同胞们的任何威胁。公平的政府、严格的法律、合理的和人人都应当履行的道德——这就是任何人都会当然信从的东西，不把它们放在眼下是危险的。

195　合乎理性的哲学体系不是为群氓创造的

也许我们会听到这样的问题：合理的无神论对群氓有用处吗？我的答复是：凡是需要思考的体系都不是为群氓创造的。然则为什么宣传无神论呢？这是因为要告诉全体思想者，再没有比自找麻烦更荒谬的事，也再没有比用毫无根据的假设和猜测来打扰别人更不公正的事。至于从来不进行思考的群氓，无神论者的论据对于他们说来并不会比物理学家的理论、天文学家的观测、化学家的实验、几何学家的计算、医生的研究、建筑师的草图和律师的逻辑更容易理解，虽然所有这些人也是为人民而劳动，但是人民是否理解他们则无关宏旨。

难道神学家们的形而上学理论和古来这样多老谋深算的幻想家们所进行的宗教辩论，比无神论者的论据更容易得到绝大多数人们的了解么？恰好相反，以简单的健全思想为根据的无神论原则不是比建立在连最精明的头脑也无法解决的矛盾的基础上的神学原则更容易为普通人所理解么？在每一个国家里，人民都信奉宗教，对于这种宗教，他们丝毫不了解，也不进行推论，只是按照传统遵行；唯有神学家才研究十分复杂和不为人民所理解的各种神学问题。如果由于偶然的原因人民失去了他们所不理解的这个神学，他们会很容易就安于这种状况，因为这种神学不仅是完全无益的，而且会在人民中间引起极危险的骚动。

如果为普通人民去写文章或者希望一举消灭人民的全部偏见，那当然是不合理的。著书立说只是为了那些能够阅读能够思考的人；普通人民是不读诗书的，更是不用思考的。思想健全和老成持重的人力求深造，知识逐渐在推广，最后终于要传到普通人身上去的。另一方面，以骗人为职业的人难道不是常常弄到自己揭穿自己的谎言么？

196 神学的无益性和危害性。给君主们的几句明智的劝告

如果神学对神学家本人是一本万利的事业，则十分明显，它对其他所有的人来说，就是无用的和有害的。人们迟早会领悟到，而接着就会理解自己的利益。无论君主或人民总有一天一定会了解，只能使人激动不安而丝毫不能使人们变好的虚妄的学问，应当

受到怎样的蔑视，或者轻一点说，应当受到怎样的冷遇。总有一天人们会觉悟到，丝毫不能增进公共幸福而代价却十分高昂的宗教仪式是没有益处的；总有一天他们会觉得那些卑鄙的争论是可耻的，只要不夸大其意义就不再破坏社会的安宁。

君主们啊！不要参加神甫们无聊的争论吧；不要冒昧地参与他们无耻的纠纷吧；不要使你们的臣民相信人人都应遵循的宗教信念吧，——最好去研究他们在尘世上的幸福吧，而不要去关心他们在其他世界上的命运。请公正地管理自己的臣民，给他们颁布一些良好的法律，尊重他们的自由和财产，关心他们的教育，鼓励他们的著作，奖励他们的才能和美德，消灭专横的行为，而不要担心你们的臣民们会思考对你们不利对他们自己也不利的问题。那时，你们不再需要任何虚构的东西就可以进行统治，同时你们也会变成自己臣民的唯一领袖；在承认你们有权受到他们的爱戴和尊敬的问题上，他们就不会再有任何意见分歧。要知道只是暴君才需要神学的妄想，因为他没有管理有理性的生物的才具。

197　宗教对人民和君主的极有害的影响

并不需要有天才就可以理解：一切超出人类理解的事物都不是给民众创造的；自然的存在物不需要超自然的东西；神秘莫测的秘密不是给才智有限的人制造的！神学家们轻率到竟去争论连他们自己都承认是不可理解的事情，然则为什么整个人类社会应当参加这些毫无意义的争论呢？莫非人类应当为保卫那些顽固的空想家的某些臆测而流血牺牲么？如果很难去掉神学家本人的狂妄，也很难去掉普通人的偏见，则不让一些人的狂妄和另一些人的愚蠢产生致命的后果无论如何要容易得多。要做到这一点，只需让每一个人自由地思想；同时也需要每个人不因此损害其他的人。如果各民族的统治者比较公道明理，神学的争论就会和物理学家、医生、文法学家或批评家的学术辩论一样不致破坏社会的安宁。暴君的罪过就在于使神学的争论在全国范围内产生如此严重的后果。如果君主们不再干预神学问题，就无需乎为神学纠纷操心了。

吹嘘宗教的意义和利益的人们本来应当向我们说明宗教的有利结果，说明神学的辩论与空洞的形而上学理论会给予像装卸工人、手工业者、农民、小商人、妇女和被自己主人带坏了的仆役这样一些人（这些人在我们的大城市中触目皆是）哪些好处。这种人绝大多数都有自己的宗教信仰；他们盲目的信仰，遇事都信赖神甫；他们会不假思索地同意自己牧师的莫名其妙的教义，聚精会神地听他们说教，严肃认真地做种种仪式；他们会把破坏他们从小就习惯于恪守不渝的任何教谕的行为都看成是滔天罪行。但是这对他们的道德是否会有任何一点影响呢？一点也没有！他们没有任何道德观念，而且你们可以看到，他们会让自己尽情地逍遥法外地招摇撞骗、抢劫和营私舞弊。

普通的人民其实一点都不了解自己的宗教；他们所谓宗教实际上不过是对玄妙的信念和神秘仪式的盲从。剥夺人民的宗教，实际上就是不剥夺人民任何东西。如果要根除或动摇人民的宗教偏见，我们只有消灭或削弱人民对自私自利的牧师的有害信仰和教育人民提防某些人借口保卫宗教常常把他们弄到家破人亡。

198 续

宗教表面上是对人民进行教育和启发，实际上是使他们继续停留在无知状态中，并且打消他们甚至认识对他们最有利的各种事物的兴致。对于普通的人民说来，除了神甫们好意叫他们遵守的那些行为规则以外没有其他的行为规则。对于他们说来，宗教就是一切；但是，既然宗教很不可解，它就只能使人们陷于谬误，而不能给他们指出一条获得知识和幸福的真正道路；在他们看来，自然规律、道德、法律和政治都是神秘莫解的。被宗教偏见弄瞎眼睛的人，不能认识自己的本性，发展自己的才智，利用生活的经验；他害怕任何违反他的观点的真理。

神甫们千方百计地力图给人民灌输虔诚的心理；但是所有这些努力都妨碍人们真正变成仁爱的、聪明的和善良的人。十分明显，宗教给自己提出的目的就是要控制人的心灵和理智。

在神甫和人类英杰之间一直进行着战争，产生这种战争的原因就在于：最聪明的思想家们懂得，迷信历来怎样束缚了人类理性，人为地阻碍了它的发展，并且力图把它保持在幼稚无知的状态中。宗教用无稽之谈培养人的理智，用恐惧压迫它，用怪影威胁它，从而妨碍了它的发展。本身不能有所改善的神学，给增长真正的知识造成了不可克服的障碍；它似乎采取了一切措施来控制各国人民和统治者，使他们根本不了解他们的真正利益、相互关系、义务和为善的实在动机；宗教只是歪曲了各种道德原则，破坏了它们的普遍有效性，并且使这些原则服从于上帝及神职人员的古怪观念；宗教把治民之术变成使人类大受其害的神秘性的暴政；它使君主变成独断独行、不讲公道的专制者，而使各国人民变成放辟邪侈以便博取自己统治者的恩典的无知的奴隶。

199 历史昭示我们，一切宗教的创立者都是这样一些人：他们利用人民的愚昧无知，悍然以神灵的使者自居

只要追溯一下人类精神发展的历史，就不难理解，神学是这种发展的最大障碍。最初，神学用冒充神圣真理的无稽之谈教育了人们；它促进了诗歌的繁荣，这些诗歌用天真幼稚的幻想培植了人们的想象力；它所叙述的只是神灵和它们的难以置信的勋绩；概言之，宗教之对待人们始终像对待它用种种童话催其入睡的儿童一样，这些童话至今还被宗教人士当作不可辩驳的真理。

如果神职人员有时也能够作出某种有益的发现，他们就会设法赋予这个发现一种扑朔迷离的和奥妙的性质，并且给它罩上一层神秘主义的纱幕。为了获得任何一点知识，毕达哥拉和柏拉图都被迫向祭司们摇尾乞怜，努力研究他们的秘密，接受种种考验；他们只有用这种代价才买得了一份权利，来说明自己的激昂慷慨的观点，这些观点至今还是对所有那些只崇拜不可理解的事物的人的一种罪恶的引诱。古代哲学家们不得不引用埃及、印度和迦勒底[①]的祭司们的言论作为自己的科学的基础；正是在这些热衷于蒙蔽人类理性

① 迦勒底——阿拉伯部族迦勒底人侵入巴比伦以后于公元前 626 年产生的新巴比伦王国，一直存在到公元前 538 年。为波斯王居鲁士所侵占。——俄译本注

的梦想家和妄想家的学派中，开始产生了哲学最初的萌芽。以玄奥的和虚妄的原则为基础，掺杂着各种无稽之谈和妄想，专为迷惑想象力而创造的这种古代哲学，在自己寻找真理的过程中往往离开了正确的道路，连它的语言也很像呀呀的儿语；由此可见，它并没有启迪人们，而是使他们离开了真正有益的和必需的对象。

古代人的神学理论和神秘主义幻想在我们今天还统治着大多数哲学家的头脑。如果不入于异端邪说，就不可能抛弃这些理论和幻想，因为它们得到现代神学的承认；所有这些神秘主义的妄想都讲到精灵、天使、恶魔、保护神和其他的幽灵，这些幽灵烦扰着我们最深刻的思想家们的头脑，并且成为几千年来最伟大的人类天才徒劳神思的空洞无用的科学即形而上学的基础。例如，孟菲斯[①]或巴比伦[②]的某些梦想家虚幻的主观猜测一直到我们今天还是人们所崇拜的那种科学的基础，正是由于这种科学的不可理解性，他们才把它看成是神奇的和神圣的东西。

各民族最初的立法者是祭司；最初的神话创造者和诗人是祭司；最初的学者是祭司；最初的医生是祭司。在这些祭司的手上，科学对外行人说来变成了神圣不可触摸的对象，连这些祭司本身也只是利用讽喻、象征、谜语来作解释，也只说过种种模棱两可的预言。这一切都大大地促进了好奇心的泛滥，使想象得到了活动的广泛地盘，而特别是使惊慌失措的无知群氓诚惶诚恐地敬奉这些被尊为天国使者的人士，据说神灵曾经亲自赐给他们以预见人类命运的能力。

---

① 孟菲斯——古代埃及的首都，祭祀的中心。——俄译本注

② 巴比伦，巴比伦王国的首都和巴比伦人的宗教中心，在这种宗教中天体崇拜占有很大的地位。——俄译本注

200　一切宗教(古代的或现代的)都互相袭用抽象的幻影和荒谬的仪式

古代祭司们的宗教失去了,或者正确些说,改变了自己的外部特征。虽然我们现代的神学家们认为古代祭司都是说谎者和骗子,但是他们从整个说来今天已经不复存在的这些古代宗教那里袭用了极多的东西;在现代各种宗教中,我们今天不但可以遇到被我们的神学家们根据自己的体裁巧妙地加以改装的种种古代形而上学教条,而且还会发现古代仪式和迷信、驱遣鬼神的妖术、各式各样的魔法和巫术的显明痕迹。基督教徒至今都必须恭敬地尊重犹太人的宗教古物,这些古物乃是显然因袭了埃及人的奇怪观念的那些立法者、神甫和先知留给他们的。这样说来,偶像崇拜时代的骗子手们或幻想家们虚构的谬论,竟成了现代基督教徒的神圣真理!

即使是泛泛地研究一下历史,也可以看出人类所有的宗教之间惊人的一致。我们看到,在一切地方各种宗教怎样轮流地给各国人民时而带来了痛苦,时而带来了安慰;我们看到,在一切时代,人的理智怎样为关于有时令人讨厌的礼节和仪式、关于引起恐怖的神秘手续的思考所独占。我们观察到,以迷信和偏见为基础的宗教体系怎样互相因袭和模仿对方空洞的幻想和烦琐的典礼。现代的宗教通常都是神学家们把各种片断的古代神话任意拼凑起来的大杂烩,这些神学家利用自己先辈的著作,并且自认为有权对这份遗产中有利于或不利于他们的真正目的和现实利益的全部文字进行增补或删节。埃及人的宗教显然是摩西教理的基础，但是从其中除去了对偶像的崇拜；由此可见，从埃及的宗教观点看来，摩西实质上是一个异教徒。基督教是经过改革的犹太教。伊斯兰教则是犹太教、基督教和阿拉伯人的古代宗教等的混合物。

201　神学过去一直引诱哲学离开自己的正路

从遥远的上古到我们今天，哲学的发展都是受神学指导的。神学曾经给予哲学什么帮助呢？它使哲学的语言变成了莫名其妙的同行语，这种同行语能够歪曲最明显的真理；它变成了一种用毫无意义的新造的词进行思考的艺术；它把人的理智带进了远离现实的形而上学的象牙之塔，使人徒然用心于探究无益的和危险的各种问题和秘密。这种哲学用超自然的原因，或者更正确地说，用隐秘的原因代替了现象的简单的、自然的原因；它用比现象本身更不可理解的原因来说明难于了解的现象；它一开口就是些没有任何意义的话，这些话不能表明事物的本性，无助于说明这种本性，反而会使它更加模糊；好像故意要想出这些话以便挫折人的意志，迫使他怀疑自己的智力，使他不相信理性的基本规律，不相信显而易见的事物；好像故意要编造这些话，以便在人和真理之间设置一种不可克服的障碍。

202　神学发现不了也说明不了世界上和自然中的任何事物

如果相信宗教卫士们，那么没有宗教就不可能说明世界上的任何事物；没有宗教，自然界对我们仍然会是永恒之谜，而人也绝对不会认识自己。但是,宗教究竟会说明什么问题呢?我们越是仔细地考察宗教,我们就越相信神学的表象只能扰乱人的神智;神学把一切都变成秘密;它用不可能的事物向我们说明难于了解的事物。把无人知道的推动者、不可见的力量和非物质的原因妄加在各种现象身上,这种做法是否可以称作说明呢?在困难的场合下,就使人求助于神灵的深刻的最高智慧,而同时又要人相信这种最高智慧是凡人不能理解的,这种做法会使人的理智得到多少启发呢?众人都不能理解的神灵的本性,是否能够说明本来就很难了解的人的本性呢?

你试着去问一下信仰基督教的哲学家:世界是怎样产生的呢?他就会回答你们说,宇宙是上帝创造的。何谓上帝?这个谁也不明白。何谓创造?这也是谁都不知道的。瘟疫、歉收、战争、旱灾、洪水、地震的原因何在?神灵的愤怒。有什么方法可以应付这些灾难?做祷告、供献祭品、举行宗教游行和宗教典礼,——人们对我们说,这就是能够解除上天愤怒的可靠手段。但是为什么上帝会发怒呢?因为人们是有罪恶的。人们为什么会有罪恶呢?因为他们的本性是腐化的和不道德的。为什么人的本性是腐化的呢?欧洲的任何一个神学家都会毫不迟疑地回答你们说,那是因为受到第一个女人勾引的第一个男人吃了一只上帝禁止人去摸的苹果。谁唆使这第一个女人干这桩蠢事呢?魔鬼。然则又是谁创造了魔鬼呢?正是这个上帝。为什么这个上帝创造了注定要勾引人类的魔鬼呢?对于这件事毫无所知;这是藏在神灵心里的秘密。

地球果真围绕太阳旋转么?两百年以前,任何一个信神的

物理学家都会说，如果不亵渎神明就不可能这样设想，这种假设同被基督教徒尊为上帝亲自的启示的圣经是不一致的。我们今天又怎样看待这个问题呢？信仰基督教的哲学家们终于不顾神灵的启示而得出这样的结论：应当相信显而易见的事情，不应当相信圣经。

什么东西使人体活动，什么东西迫使人体运动呢？灵魂。灵魂是什么呢？是精神。精神是什么呢？这是一种没有形状，没有颜色，没有广延性，没有各个组成部分的实体。

怎么可能设想这样的实体呢？这种实体怎么可能使身体运动呢？这个道理谁也不知道；这是秘密。动物是否有灵魂呢？笛卡尔主义者肯定地说，动物是没有灵魂的机器。但是，难道我们在动物界就看不见和人的类似的能力很相像的运动、感觉、思想的表现么？这是十足的幻想。如果你们根本不知道灵魂是什么，你们就没有任何理由把灵魂妄加在人身上，既然如此，你们又有什么权利剥夺动物的灵魂呢？问题的关键自然是在于：承认动物有灵魂，就会给神学家造成多余的麻烦，因为这些神学家热衷于用上天惩罚不死的灵魂来威胁人们，而用这种办法威胁动物就不会得到任何好处。过去一贯受神学控制的哲学，就用这么一些天真幼稚的答案抹杀了摆在人类理性面前的生理上的和精神上的一切问题。

203　神学歪曲了人类的道德观念和阻碍了理性和真理的发展

古代的和现代的思想家曾经使用了多少遁词和诡辩才没有同历来就是人类理性名副其实的暴君的神职人员发生冲突啊！

笛卡尔[1]派的人、马勒伯朗士[2]派的人、莱布尼茨[3]派的人和其他许多人士曾经想出了多少假设和策略才得以使自己的发现同宗教神圣的狂想和幻觉勉强调和啊！每当这些大哲学家的原理违反了神学准则时，他们曾经采取了多少预防措施，有时竟不惜胡说八道、前后矛盾和故弄玄虚啊！警惕性高的僧侣阶级总是急于扼杀一切不符合他们的利益的哲学体系。神学历来就是一张普罗克鲁斯特的床[4]，这位巨人企图把任何一个异乡人都放在这张床上；他切掉了他们过长的四肢，不然，如果倒霉的过路人的手脚比这个凶手打算把他塞在里面的那张床短些，他就用马把手脚拉长。

① 勒奈·笛卡尔（1596—1650），法国哲学家、物理学家和数学家。作为二元论者，他承认物质和精神两个始基，他也是包括上帝观念在内的天赋观念理论的拥护者。同时，他在反对中世纪教会经院哲学观点的斗争中起了重大的作用，他论证了只应凭借理性和“怀疑”而不是凭借盲目信仰来认识世界和判明真理的见解。在物理学领域，笛卡尔站在唯物主义立场上，他赋予物质以独立的创造力。他力求完整地科学地理解自然，提出了一系列对自己时代说来是先进的理论，比如“漩涡理论”。按照这一理论，从原始混沌中形成诸世界的基础是物质的机械过程、漩涡式运动。霍尔巴赫提到笛卡尔时指的正是他以之与宗教关于创世纪观念尖锐对立的这一理论。——俄译本注

② 尼古拉·马勒伯朗士（1638—1715），法国唯心主义哲学家、宗教捍卫者、唯物主义和无神论的敌人，用神秘主义精神改造笛卡尔学说的反动哲学派别“偶因论”的代表。他的主要著作是《真理的探索》（1674—1675）。——俄译本注

③ 哥特弗利德·威廉·莱布尼茨（1646—1716），德国唯心主义哲学家和数学家，发展了“先定和谐”的宗教唯心主义原则。在莱布尼茨哲学中包含着唯心辩证法因素。发现微积分的功绩属于他和牛顿。——俄译本注

④ 普罗克鲁斯特的床——古希腊神话中强盗普罗克鲁斯特的一张床，他把自己的牺牲者放在这张床上；但是为了使这些牺牲者恰好适合床，他就砍掉或者拉长他们的两只脚。通常把强迫使什么东西就范的削足适履的办法叫做“普罗克鲁斯特床”。——俄译本注

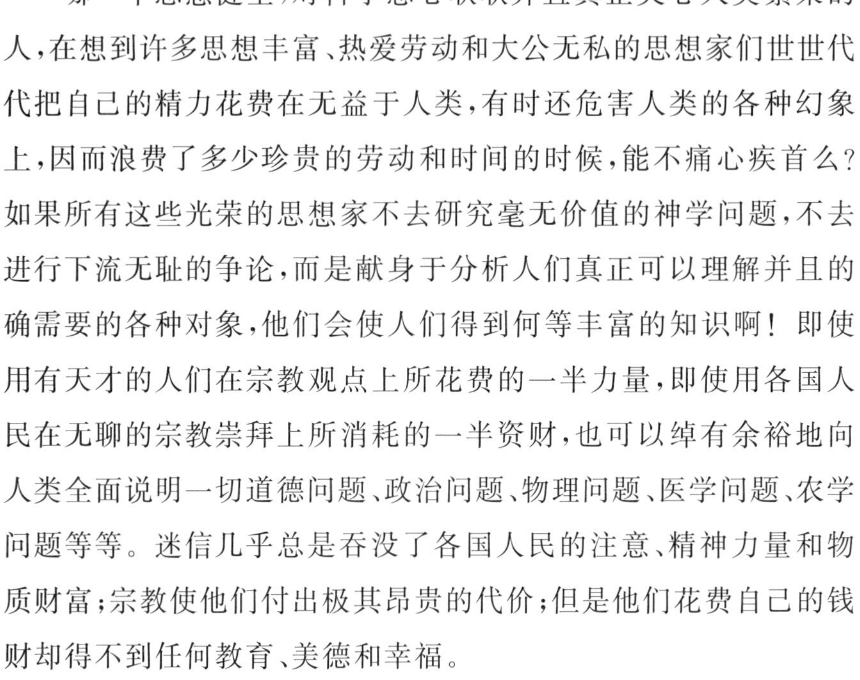

哪一个思想健全，对科学忠心耿耿并且真正关心人类繁荣的人，在想到许多思想丰富、热爱劳动和大公无私的思想家们世世代代把自己的精力花费在无益于人类，有时还危害人类的各种幻象上，因而浪费了多少珍贵的劳动和时间的时候，能不痛心疾首么？如果所有这些光荣的思想家不去研究毫无价值的神学问题，不去进行下流无耻的争论，而是献身于分析人们真正可以理解并且的确需要的各种对象，他们会使人们得到何等丰富的知识啊！即使用有天才的人们在宗教观点上所花费的一半力量，即使用各国人民在无聊的宗教崇拜上所消耗的一半资财，也可以绰有余裕地向人类全面说明一切道德问题、政治问题、物理问题、医学问题、农学问题等等。迷信几乎总是吞没了各国人民的注意、精神力量和物质财富；宗教使他们付出极其昂贵的代价；但是他们花费自己的钱财却得不到任何教育、美德和幸福。

204 续

某些古代和现代的哲学家都有足够的勇气在自己的著作中只以经验和理性为指导，而摆脱迷信的枷锁。留基波[①]、德谟克利特[②]、伊

① 留基波(公元前5世纪)，古希腊唯心主义哲学家、原子论的奠基人。德谟克利特进一步发展了这种原子论。——俄译本注

② 德谟克利特(公元前460—前370年)，古希腊唯物主义哲学家、古代哲学中唯物主义最光辉的(按照列宁的定义)表达者，是留基波的学生。按照德谟克利特的学说，不可分的物质的原子和虚空是事物的基础；物体通过形状上和数量上各种不同的原子的结合而形成；灵魂也是物质的，它由特殊的原子组成，并随着它们的崩溃而消灭。德谟克利特教导说，存在着不是任何人创造的和由于空间中有无限多的原子的漩涡式运动的结果而形成的无数世界。德谟克利特的观点对于无神论思想的发展具有巨大的意义。——俄译本注

壁鸠鲁、斯特拉陀[①]以及其他某些希腊思想家，敢于冲破偏见的铜墙铁壁，使哲学从神学的束缚下解放出来；但是，他们的哲学体系毕竟是太朴质太合理了；这些体系没有喜欢幽灵的想象所热烈追求的那种神秘性，因此它们不得不在柏拉图、苏格拉底[②]或者芝诺[③]那些娓娓动听的臆说面前退却下来。在现代哲学家中间，霍布斯、斯宾诺莎[④]、培尔等人是踏着伊壁鸠鲁的步子走的，但是他们的体系在世界上并未能替自己争取到许多信从的人，因为这个世界过于沉醉在虚幻离奇的无稽之谈中，它不会注意到理性的呼声。

如果不冒天下之大不韪向来就不可能摆脱被视为神物的各种偏见。任何发现都曾受到禁止；最有学问的人们能够做的，顶多是

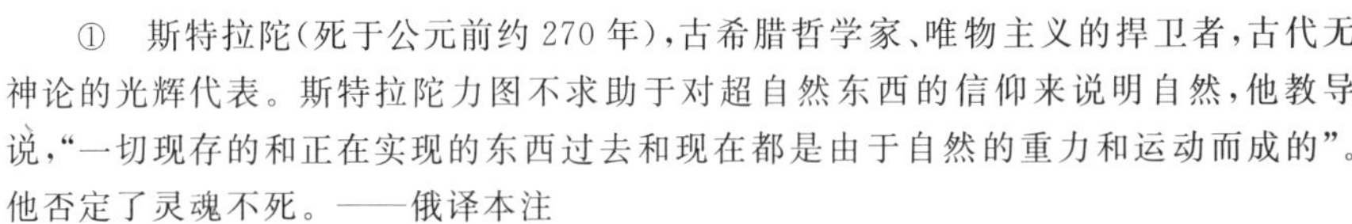

① 斯特拉陀（死于公元前约 270 年），古希腊哲学家、唯物主义的捍卫者，古代无神论的光辉代表。斯特拉陀力图不求助于对超自然东西的信仰来说明自然，他教导说，“一切现存的和正在实现的东西过去和现在都是由于自然的重力和运动而成的”。他否定了灵魂不死。——俄译本注

② 苏格拉底（公元前 469—前 399 年），古希腊唯心主义哲学家，否定了认识自然的可能性，在其脱离生活的宗教道德学说中要求人通过认识自我和怀疑实现美德。——俄译本注

③ 芝诺（公元前约 490—前 430 年），古希腊唯心主义哲学学派埃利亚派的代表。——俄译本注

④ 贝奈狄克特·斯宾诺莎（1632—1677），荷兰唯物主义哲学家和无神论者、自由科学和启蒙思想的捍卫者。斯宾诺莎在否定上帝是创造者时教导说，自然（他称之为上帝）是自身原因，是拥有广延和思维的唯一实体。斯宾诺莎的整个说来形而上学的哲学中包含了唯物辩证法的因素。斯宾诺莎反对宗教，捍卫信仰自由，他是圣经批判的杰出代表之一。由于无神论，他于 1656 年被开除犹太教籍，并被驱逐出犹太教社团。他的主要著作：《理性改进论》《神学政治论》（1670）、《伦理学》（1662—1675）。斯宾诺莎的哲学对马克思主义以前唯物主义和无神论的反战，对 18 世纪法国唯物主义者和无神论者，都有巨大的积极影响。——俄译本注

说些转弯抹角的话，有时由于可耻的怯懦，除了真理以外还容许和支持谎言。许多思想家都宣传了所谓两重真理说——一种是公开的，另一种是秘密的；但是既然通到后一种的线索已经失掉了，那么他们的真实观点我们便无从了解，因此也就无所补益。

既然现代哲学家们受到最残酷的迫害的威胁，不得不背弃理性和服从信仰，即服从僧侣的权威，那么这些哲学家能不能，我要再说一遍，受到这种压迫的人们能不能让自己的天才得到自由的发展，让理性得到改善，让人的认识得到进步呢？人类最伟大的头脑只要窥见一点真理，这真理同时就会使他们胆战心惊，只有在极少有的情况下，这些伟大的人才敢于宣布他们所认识的真理；而凡是有胆量这样做的那些人，通常都因为自己这种粗鲁的行为受到了惩罚。多亏宗教，人们才绝对不可能大声地说明自己的思想，也不可能同蒙蔽和禁锢人的理性的迷信进行斗争。

205　必须不断地证明和重复说明，宗教是极其荒谬的和非常有害的

凡是有胆量向人们宣布真理的人都深信，这会受到神职人员的敌视，他们会毫不迟延地紧急动员起来，并且呼吁世俗权力帮助自己，因为要保卫自己的教理和自己的神灵，他们当然必须得到君主的支持。但是僧侣阶级的努力十分明显地暴露出自己的弱点：

要求帮助的人，处境不妙。

在宗教问题上任何迷误和动摇都是不能容许的；其他任何方面的错误都可能免于惩罚；人们会宽恕犯错误的人，对于发现新的真理的人，人们甚至会承认他有一定的功绩；但是一旦这些谬误或

发现触犯到宗教的利益，神职人员们就会义愤填膺，君主们就会开始迫害和动刑，社会安宁就会受到破坏，人心就会动荡不安，人民就会骚动起来，连他们自己也不知道这是什么缘故。

如果社会的和个人的幸福为毫无意义的学问所控制，这种学问没有任何郑重的原则，反而以不良的想象为依据，除了说一些没有意义的话以外，不会提供任何精神食粮，那么，还有什么状况比这更可悲呢？谁也不能理解的宗教，只会使由于头脑简单才衷心献身宗教的人造成痛苦；宗教丝毫不会改善人们现在的生活，有时甚至驱使他们为不公正的现象和暴行服务，这种宗教能够有什么所谓的利益呢？宗教不仅不会给人类带来任何福利，而且会迷惑人们的理智，破坏他们精神上的平衡，使他们变成毫无价值的人，因为宗教隐瞒着唯一能够宽慰凡人的命运的真理。比这种宗教更令人失望的、理所当然地需要对之进行最坚决的斗争的荒唐事物是否能够设想呢？

206 宗教——这是一口潘多拉的箱子[①]，而这口不祥的箱子打开了

自古以来宗教的唯一作用就在于：它束缚了人的理性，使它无法认识人的一切正确的社会关系、真正的义务和实在的利益。只有驱散宗教的烟雾和怪影，我们才会发现真理、理性和道德的泉源

① 潘多拉箱——按照古希腊的神话，宙斯给了处女潘多拉一个其中装有人类种种灾难的器皿。潘多拉打开这个器皿，灾难都飞散到地上来了，于是地上充满了恶。“潘多拉箱”一语用作譬喻。霍尔巴赫认为宗教是万恶之源，所以他继波林格勃罗克之后把宗教比之为潘多拉箱。——俄译本注

和应当促使我们为善的实际动机。无论在我们受苦的原因上或是我们遭到灾难时能够给予我们帮助的那些有效办法上，宗教都欺骗我们；宗教不仅不能治好我们的病，反而只会使病情恶化，病症增多。我们要继我们一位著名的当代人士（即波林格勃罗克勋爵[①]，见他的遗著）之后重复说："神学——这是一口潘多拉的箱子；如果不可能把它锁起来，也必须要发出警告，这口不祥的箱子打开了。"

① 波林格勃罗克，亨利·圣·约翰（1678—1751）——英国政治活动家和作家，《历史研究通信》的作者，自然神论者，贵族和保守派分子；认为自由思想是上流社会的特权，对人民则应当保存宗教。——俄译本注

附录 俄译本关于本书历史命运的介绍

《健全的思想》是霍尔巴赫最后一本无神论小册子，在他的基本著作《自然的体系》之后两年问世。在《健全的思想》中鲜明地表现了“18 世纪老无神论者们所写的那些锋利的、生动的、有才华的政论，机智地公开地打击了当时盛行的僧侣主义”(列宁语)。霍尔巴赫的无神论在这里是以最精炼完好的形式出现的。《健全的思想》常常重复《致欧仁妮的信》的论据，非常尖刻地揭露宗教和教会跟暴政的联想，包含着对无神论的、哲学的、唯物主义的论证，对一切种类的宗教的不可调和的批判。无怪乎狄德罗关于霍尔巴赫写道：“我更喜欢鲜明的、自由的哲学，就像比如《自然的体系》中，而尤其像《健全的思想》中所叙述的那样……《自然的体系》的作者不是在一页上是无神论者，而在另一页上是自然神论者：他的哲学是用一整块东西制成的。”(《狄德罗全集》第 2 卷，第 145 页，1935 年俄文版，莫斯科)《健全的思想》第一次出现于 1772 年，同时出了几版，并且其中的一个版本指出，它是《自然的体系》的作者写的。在扉页上刊载着从公元 1 世纪罗马作家彼特罗尼的《萨蒂里孔》引证的题词：“他揭穿，祭司们用多么疯狂的阴险手段大胆地汇露他们自己所不理解的秘密”(实际上，正如后来的研究表明，这句话是

17 世纪插进《萨蒂里孔》中去的)。

《健全的思想》在 1773、1774、1782、1784、1786、1791、1792、1802、1830、1831、1833、1834(两次)、1865、1905、1930 各年再版,并且在某些版本中(从 18 世纪 90 年代开始)标题是《Le bon sens du curé Meslier》(《梅叶神甫的健全的思想》)。这个情况产生一种观点,似乎《健全的思想》是从 18 世纪第一个四分之一时期法国空想共产主义者和无神论者让·梅叶的《遗书》中摘录的。这个观点没有任何严肃的根据,虽然霍尔巴赫无疑是熟悉《遗书》手稿抄本的,并且受到了这部著作的影响。《健全的思想》任何地方都没有重复《遗书》,它应当是霍尔巴赫独创的著作。像霍尔巴赫所有其他无神论小册子一样,《健全的思想》很不受世俗反动派和教会反动派的欢迎,他们被这本著作的直率和尖刻以及它容易为广大读者群众理解所吓坏。根据 1774 年 1 月 10 日巴黎最高法院的命令,《健全的思想》同爱尔维修的著作《论人》一起被焚毁(参见弗·罗凯《18 世纪法国社会思潮(1715—1789)》,第 566 页,圣彼得堡,1902 年俄文版)。在 19 世纪,根据各级法院的判决,《健全的思想》"因侮辱社会道德和宗教道德"四次被毁:即 1824、1835、1837 和 1838 年(参见 F. Drujon,《Catalogue des ouvrages, écrits et dessins poursyivis, supprimés ou condamnés…》,Paris, 1879, p. 57)。早在 1775 年,《健全的思想》就被教皇命令禁止天主教徒阅读,并被收入《禁书目录》,至今仍然同霍尔巴赫其他著作一起列名其中(《Index librorum Prohibitorum》, Roma, 1948, p. 438)。《健全的思想》出版了英文本(1833、1859、1878、1890、1910 年)和德文本(1857、1859、1878、1880 年),也有意大利文和西班牙文译

本。俄译本有：缩编本，题为《宗教和健全的思想》，“无神论者”出版社，莫斯科，1923；全译本，(1)“唯物主义者出版社”，莫斯科，1924；(2)国立反宗教出版社，莫斯科，1934(载保·霍尔巴赫《反宗教选集》，第1卷)；(3)军事出版社；1941。这里刊登的译文是根据第1版(1772年)翻译的，所有各节都加了标题[*]不过除了第1节和第98节外，标题都不属于霍尔巴赫，而是第一次在1830年法文版中出现的。这些标题有助于理解本书，有助于确定书中方位。

[*] 为便于检阅，中译本把所有各节标题都列入了“目录”。——译者注

图书在版编目(CIP)数据

健全的思想:或和超自然观念对立的自然观念/(法)霍尔巴赫著;王荫庭译.—北京:商务印书馆,2017
(汉译世界学术名著丛书:120年纪念版:珍藏本)
ISBN 978-7-100-14586-2

Ⅰ.①健… Ⅱ.①霍… ②王… Ⅲ.①无神论②唯物主义—哲学理论—法国—近代 Ⅳ.①B91②B565.294

中国版本图书馆CIP数据核字(2017)第152461号

汉译世界学术名著丛书
(120年纪念版·珍藏本)
健全的思想
——或和超自然观念对立的自然观念
〔法〕霍尔巴赫 著
王荫庭 译

商 务 印 书 馆 出 版
(北京王府井大街36号 邮政编码100710)
商 务 印 书 馆 发 行
北 京 冠 中 印 刷 厂 印 刷
ISBN 978-7-100-14586-2

2017年12月第1版 开本 710×1000 1/16
2017年12月北京第1次印刷 印张 15¾
定价:78.00元